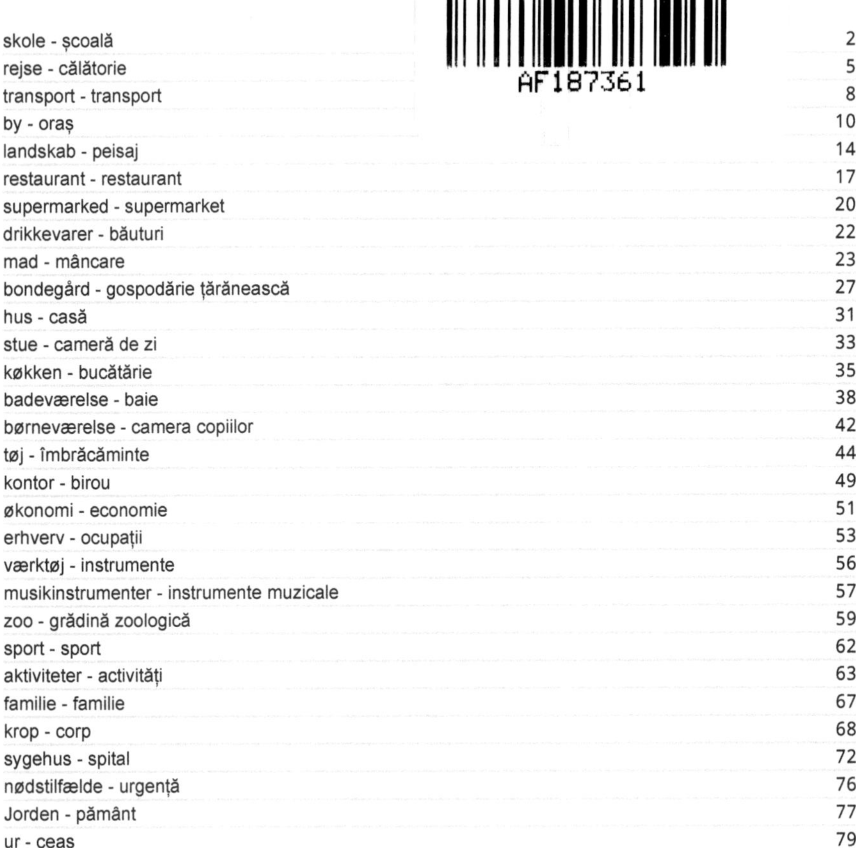

Impressum
Verlag: BABADADA GmbH, Nedderfeld 112 , 22529 Hamburg
Geschäftsführer / Verlagsleitung: Harald Hof
Druck: Books on Demand GmbH, In de Tarpen 42, 22848 Norderstedt

Imprint
Publisher: BABADADA GmbH, Nedderfeld 112 , 22529 Hamburg, Germany
Managing Director / Publishing direction: Harald Hof
Print: Books on Demand GmbH, In de Tarpen 42, 22848 Norderstedt, Germany

skole

școală

klasseværelse
sală de clasă

dividere
a împărți

186/2

tavle
tablă

skolegård
curte a școlii

lærer
profesor

papir
hârtie

skrive
a scrie

pen
instrument de scri

skrivebord
masă de birou

lineal
riglă

bog
carte

elev
elev

skoletaske
ghiozdan

penalhus
penar

blyant
creion

blyantspidser
ascuțitoare

viskelæder
radieră

tegneblok
bloc de desen

tegning

desen

pensel

pensulă

æske med vandfarver

cutie de acuarele

saks

foarfece

lim

lipici

opgavehefte

caiet de exerciții

lektie

temă

tal

număr

addere

a aduna

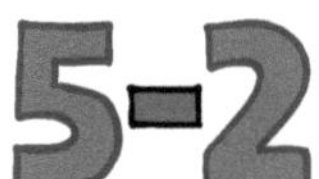

subtrahere

a scădea

multiplicere

a multiplica

regne

a calcula

bogstav

literă

alfabet

alfabet

ord

cuvânt

tekst

text

læse

a citi

kridt

cretă

time

oră

klasseprotokol

catalog

eksamen

examen

karakterbog

certificat

skoleuniform

uniformă școlară

uddannelse

educație

leksikon

enciclopedie

universitet

universitate

mikroskop

microscop

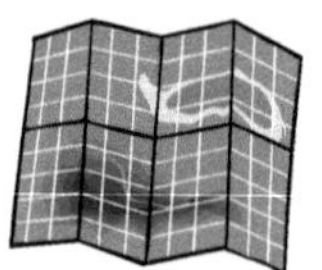

kort

hartă

papirkurv

coș de gunoi

rejse
călătorie

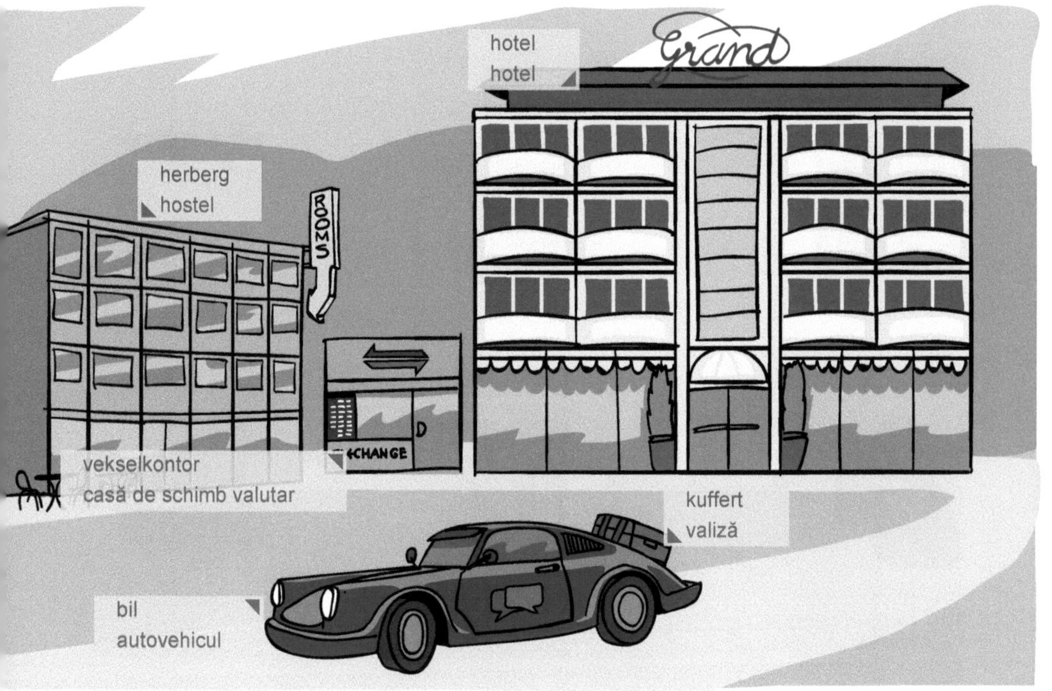

hotel
hotel
Grand
herberg
hostel
ROOMS
vekselkontor
casă de schimb valutar
kuffert
valiză
bil
autovehicul

sprog
limbă

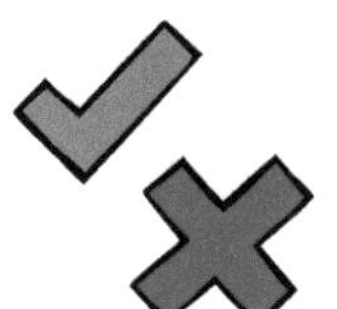

ja / nej
da/nu

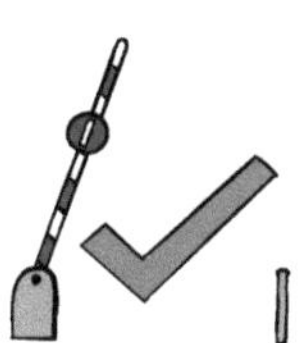

okay
okay

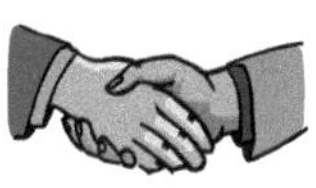

hej
Bună!

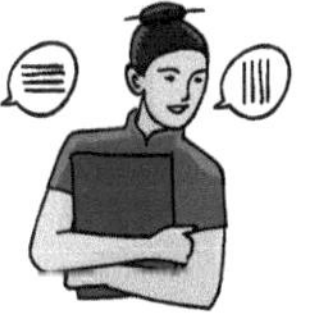

oversætter
interpret

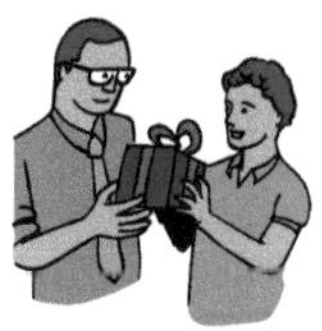

tak
mulțumesc

hvad koster...?

Cât costă...?

Jeg forstår ikke

Nu înţeleg

problem

problemă

God aften!

Bună seara!

God morgen!

Bună dimineaţa!

God nat!

Noapte bună!

farvel

la revedere

retning

direcţie

bagage

bagaj

taske

geantă

rygsæk

rucsac

gæst

oaspete

værelse

cameră

sovepose

sac de dormit

telt

cort

turistinformation

punct de informare turistică

strand

plajă

kreditkort

carte de credit

morgenmad

mic dejun

middagsmad

masa de prânz

aftensmad

cină

billet

bilet de călătorie

elevator

lift

frimærke

timbru poștal

grænse

graniță

told

vamă

ambassade

ambasadă

visum

viză

pas

pașaport

transport

transport

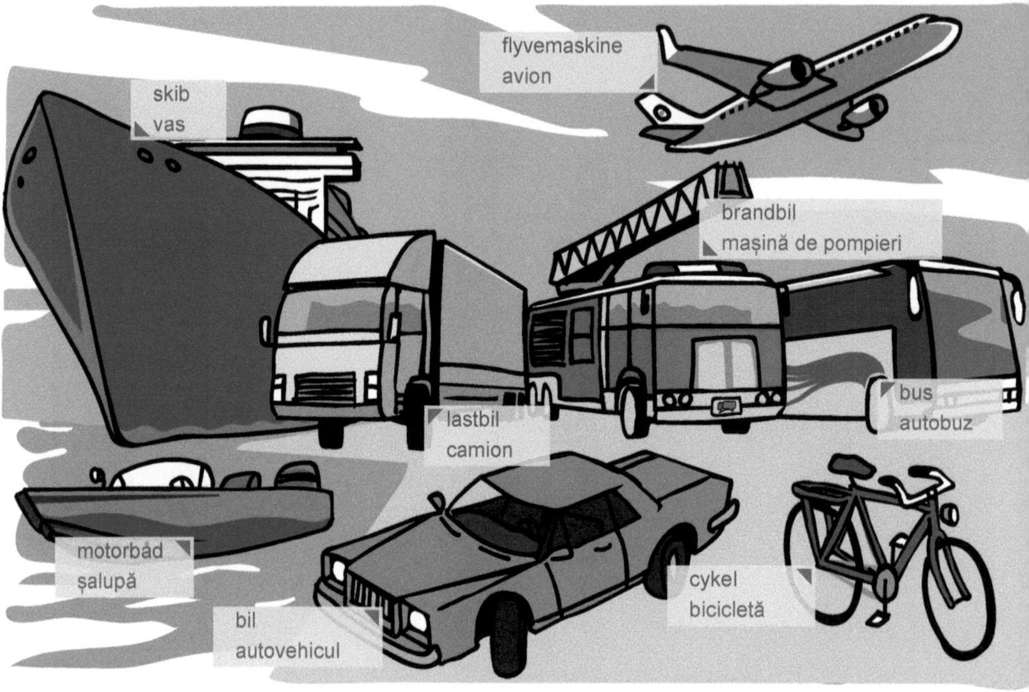

skib
vas

flyvemaskine
avion

brandbil
mașină de pompieri

lastbil
camion

bus
autobuz

motorbåd
șalupă

bil
autovehicul

cykel
bicicletă

færge

feribot

båd

barcă

motorcykel

motocicletă

politibil

mașină de poliție

racerbil

mașină de curse

lejebil

mașină închiriată

samkørsel

car sharing

kranbil

mașină de tractat

skraldebil

mașină de gunoi

motor

motor

benzin

combustibil

tankstation

benzinărie

trafikskilt

semn de circulație

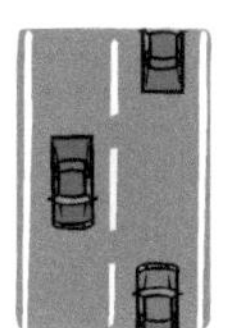

trafik

trafic

trafikprop

ambuteiaj

parkeringsplads

parcare

banegård

gară

skinner

șine

tog

tren

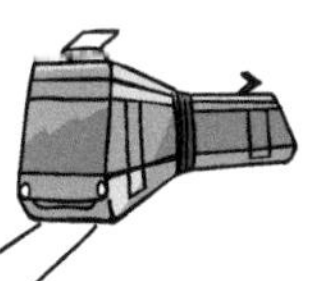

sporvogn

tramvai

wagon

vagon

helikopter

elicopter

lufthavn

aeroport

tårn

turn

passager

pasager

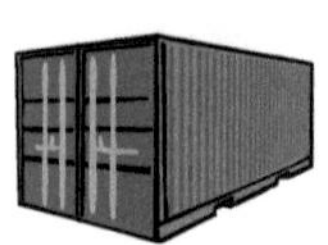

container

container

karton

carton

kærre

căruță

kurv

coș

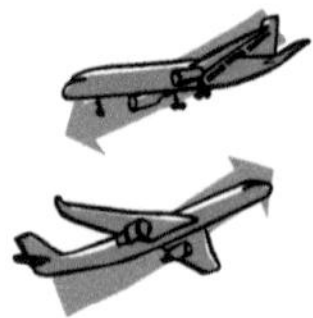

starte / lande

a decola/a ateriza

by

oraș

landsby

sat

bymidte

centru

hus

casă

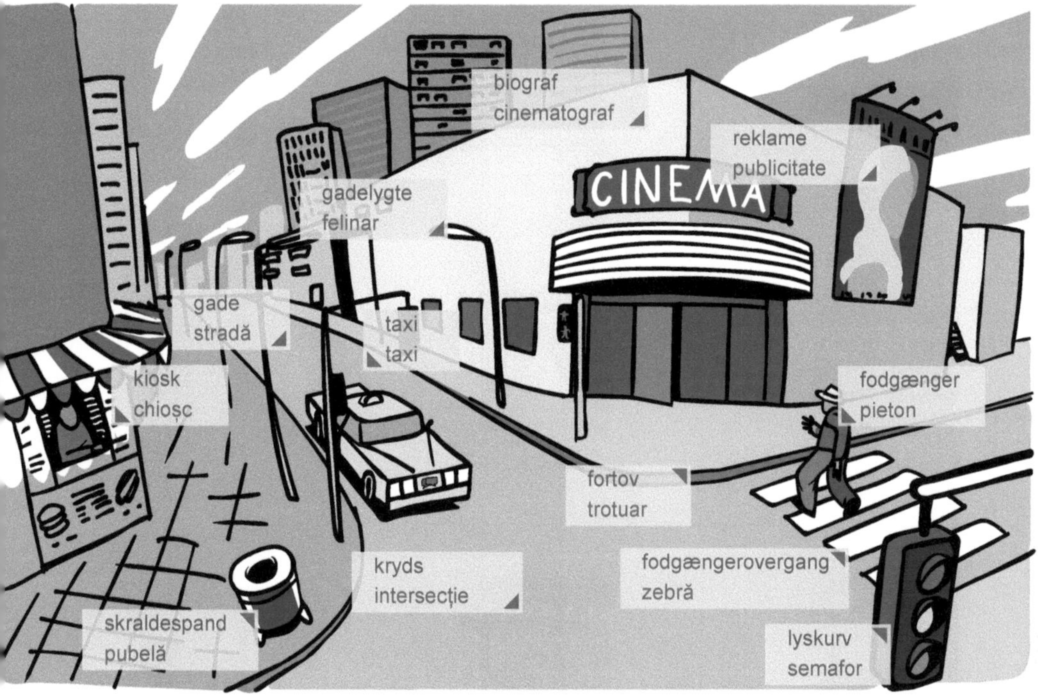
biograf
cinematograf
CINEMA
reklame
publicitate
gadelygte
felinar
gade
stradă
taxi
taxi
kiosk
chioșc
fodgænger
pieton
fortov
trotuar
fodgængerovergang
zebră
kryds
intersecție
skraldespand
pubelă
lyskurv
semafor

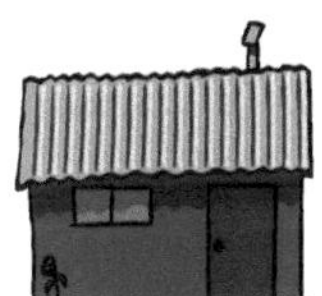

hytte

cabană

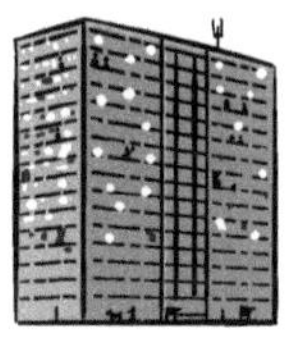

lejlighed

apartament

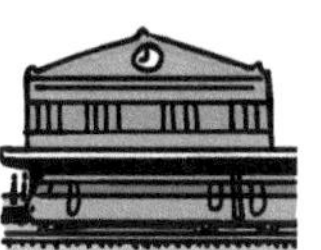

banegård

gară

rådhus

primărie

MUSEUM

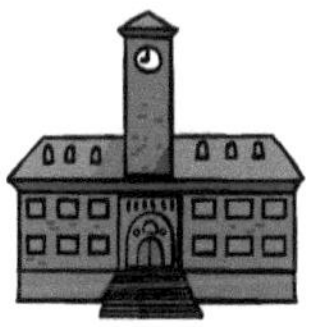

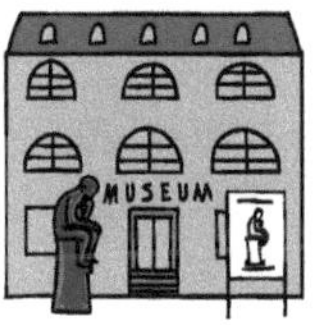

museum

muzeu

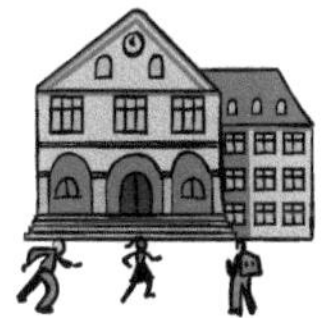

skole

școală

universitet

universitate

bank

bancă

sygehus

spital

hotel

hotel

apotek

farmacie

kontor

birou

boghandel

librărie

butik

magazin

blomsterbutik

florărie

supermarked

supermarket

marked

piață

stormagasin

magazin universal

fiskehandler

comerciant de pește

butikscenter

centru comercial

havn

port

park

parc

bænk

bancă

bro

pod

trappe

trepte

undergrundsbane

metrou

tunnel

tunel

busstoppested

stație de autobuz

barnevogn

bar

restaurant

restaurant

postkasse

cutie poștală

vejskilt

tăbliță indicatoare cu numele străzii

parkometer

parcometru

zoo

grădină zoologică

badeanstalt

piscină

moske

moschee

bondegård

gospodărie țărănească

miljøforurening

poluare

kirkegård

cimitir

kirke

biserică

legeplads

loc de joacă

tempel

templu

landskab

peisaj

blad
frunză

vejviser
indicator

vej
drum

eng
pajiște

sten
piatră

vandrer
drumeț

træ
copac

flod
râu

græs
iarbă

blomst
floare

dal

vale

bjerg

deal

sø

lac

skov

pădure

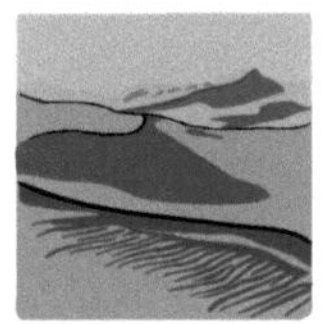

ørken

deșert

vulkan

vulcan

slot

castel

regnbue

curcubeu

svamp

ciupercă

palme

palmier

moskito

țânțar

flue

muscă

myre

furnică

bi

albină

edderkop

păianjen

bille

gândac

frø

broască

egern

veveriță

pindsvin

arici

hare

iepure

ugle

bufniță

fugl

pasăre

svane

lebădă

vildsvin

porc mistreț

hjort

cerb

elg

elan

dæmning

dig

vindmølle

turbină eoliană

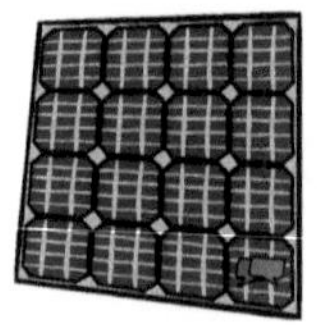

solcellemodul

panou solar

klima

climă

restaurant
restaurant

tjener
chelnăr

spisekort
meniu

stol
scaun

suppe
supă

pizza
pizza

bestik
tacâmuri

borddug
față de masă

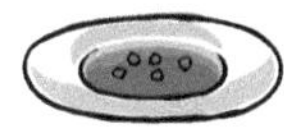

forret
antreu

hovedret
fel principal

dessert
desert

drikkevarer
băuturi

mad
mâncare

flaske
sticlă

fastfood

fastfood

streetfood

streetfood

tekande

ceainic

sukkerdåse

zaharniță

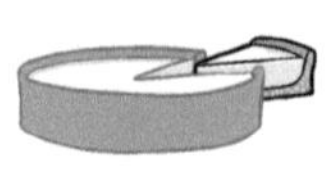

portion

porție

espressomaskine

espressor

barnestol

scaun înalt (pentru copii)

faktura

factură

tablet

tavă

kniv

cuțit

gaffel

furculiță

ske

lingură

teske

linguriță

serviet

șervețel

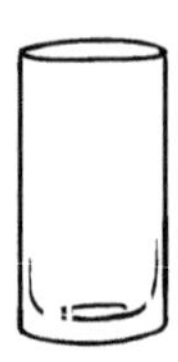

glas

pahar

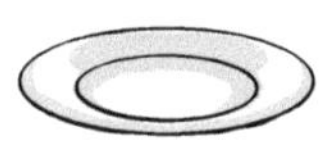

tallerken

farfurie

dyb tallerken

farfurie de supă

underkop

farfurie

sovs

sos

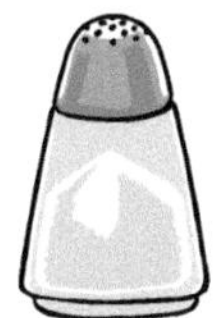

saltbøsse

solniță

peberkværn

râșniță de piper

eddike

oțet

olie

ulei

krydderier

condimente

ketchup

ketchup

sennep

muștar

mayonnaise

maioneză

supermarked
supermarket

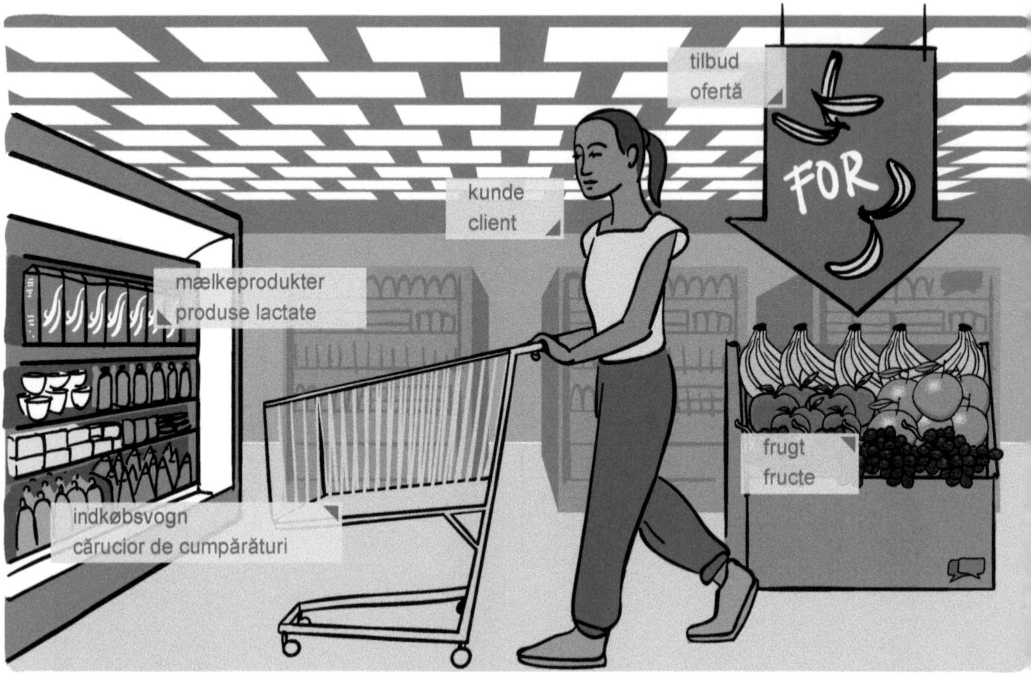

tilbud
ofertă
FOR
kunde
client
mælkeprodukter
produse lactate
frugt
fructe
indkøbsvogn
cărucior de cumpărături

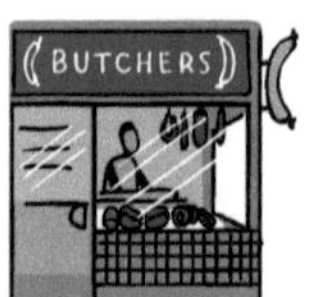

BUTCHERS

slagter
măcelărie

BAKERY

bageri
brutărie

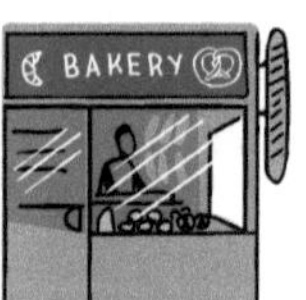

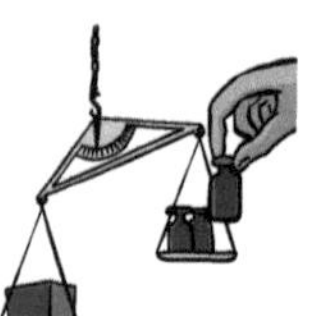

veje
a cântări

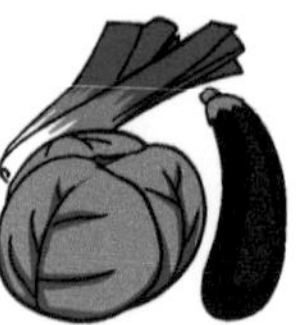

grøntsager
legume

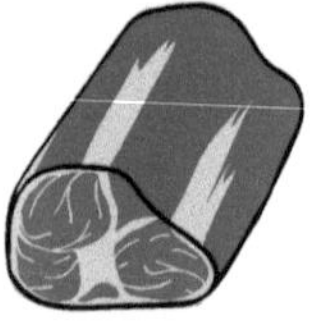

kød
carne

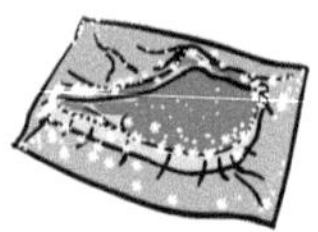

frostvarer
alimente refrigerate

pålæg

mezeluri și brânzeturi feliate

konserves

conserve

vaskemiddel

detergent

slik

dulciuri

husholdningsvarer

articole de menaj

rengøringsmidler

produse de curățenie

ekspedient

vânzătoare

kasse

casă

kasserer

casier

indkøbsliste

listă de cumpărături

åbningstider

orar

tegnebog

portmoneu

kreditkort

carte de credit

taske

geantă

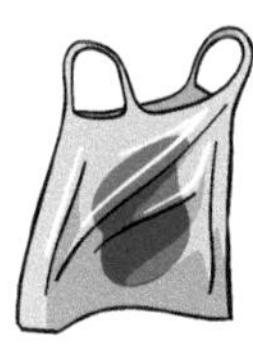

plasticpose

pungă de plastic

drikkevarer
băuturi

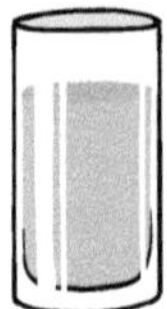

vand

apă

saft

suc

mælk

lapte

cola

cola

vin

vin

øl

bere

alkohol

alcool

kakao

cacao

te

ceai

kaffe

cafea

espresso

espresso

cappuccino

cappucino

banan

banane

æble

măr

appelsin

portocală

melon

pepene

citron

lămâie

gulerod

morcov

hvidløg

usturoi

bambus

bambus

løg

ceapă

svamp

ciupercă

nødder

nuci

nudler

paste făinoase

spaghetti
spagheti

ris
orez

salat
salată

pomfritter
cartofi prăjiți

stegte kartofler
cartofi țărănești

pizza
pizza

hamburger
hamburger

sandwich
sandwich

schnitzel
șnițel

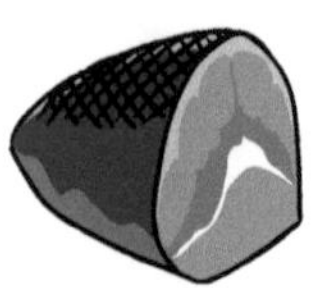

skinke
șuncă

salami
salam

pølse
cârnați

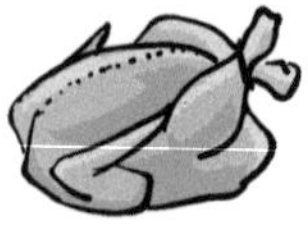

kylling
pui

steg
friptură

fisk
pește

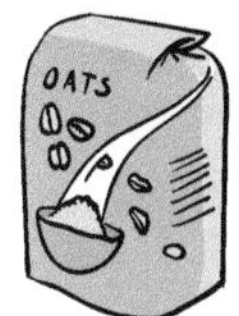

havregryn

fulgi de ovăz

mysli

musli

cornflakes

cereale

mel

făină

croissant

corn

rundstykke

chifle

brød

pâine

toast

pâine prăjită

kiks

biscuiți

smør

unt

kvark

brânză de vaci

kage

prăjitură

æg

ou

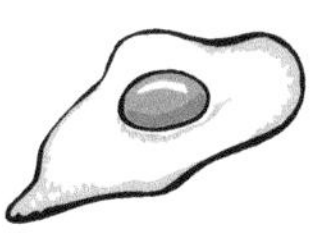

spejlæg

ouă ochiuri

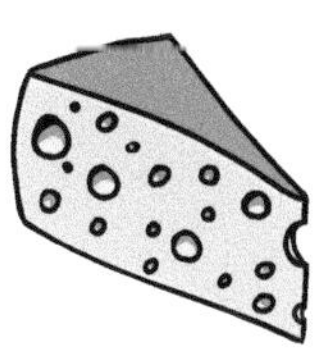

ost

brânză

is

înghețată

sukker

zahăr

honning

miere

marmelade

marmeladă

nougat-creme

cremă nuga

karry

curry

bondegård
gospodărie țărănească

bondehus
casă țărănească

halmballer
balot de paie

skur
șură

mark
câmp

hest
cal

anhænger
remorcă

føl
mânz

traktor
tractor

æsel
măgar

får
oaie

lam
miel

ged
capră

ko
vacă

kalv
vițel

svin
porc

gris
purcel

tyr
taur

gås

găină

and

rață

kylling

pui

høne

găină

hane

cocoș

rotte

șobolan

kat

pisică

mus

șoarece

okse

bou

hund

câine

hundehus

cușcă

haveslange

furtun de grădină

vandkande

stropitoare

le

coasă

plov

plug

segl

secеră

hakkejern

sapă

møggreb

furcă

økse

secure

trillebør

roabă

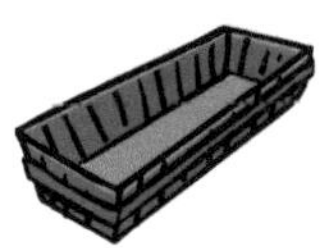

trug

troacă

mælkekande

cană pentru lapte

sæk

sac

hæk

gard

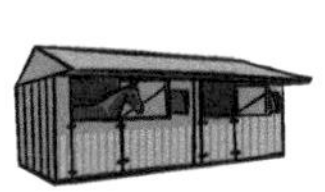

stald

grajd

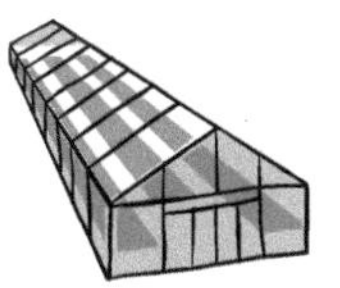

drivhus

seră

jord

sol

frø

sământă

gødning

fertilizator

mejetærsker

combină de treierat

høste

a culege

høst

recoltă

yams

cartof yam

hvede

grâu

soja

soia

kartoffel

cartof

majs

porumb

raps

rapiță

frugttræ

pom fructifer

maniok

manioc

korn

cereale

hus

casă

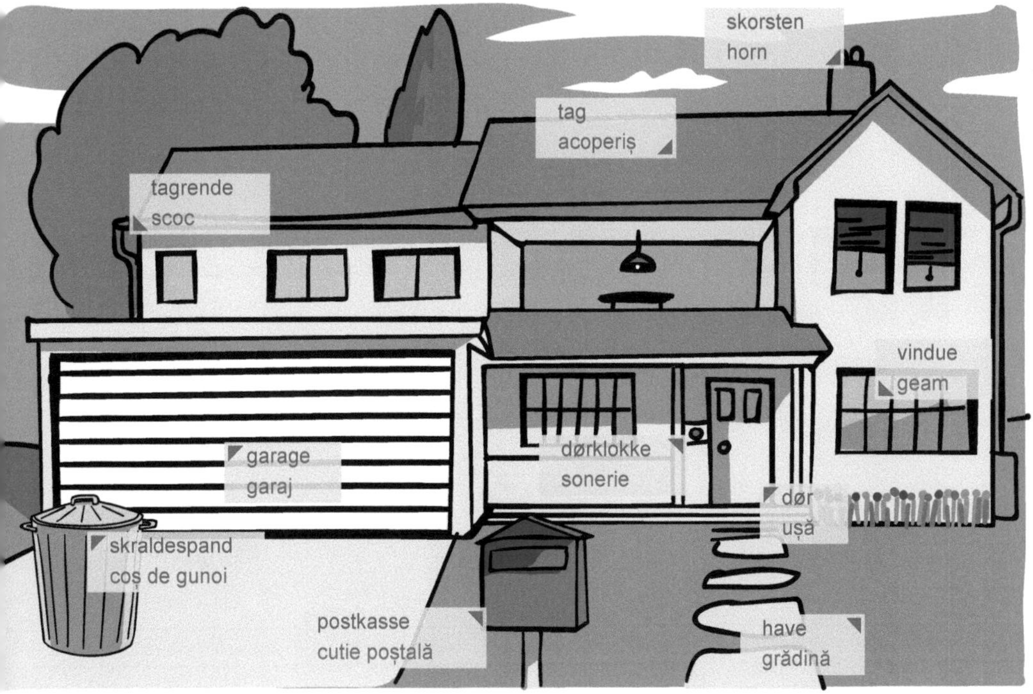

skorsten
horn

tag
acoperiș

tagrende
scoc

vindue
geam

garage
garaj

dørklokke
sonerie

dør
ușă

skraldespand
coș de gunoi

postkasse
cutie poștală

have
grădină

stue

cameră de zi

badeværelse

baie

køkken

bucătărie

soveværelse

dormitor

børneværelse

camera copiilor

spisestue

sufragerie

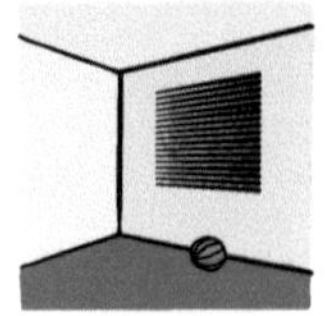

gulv

podea

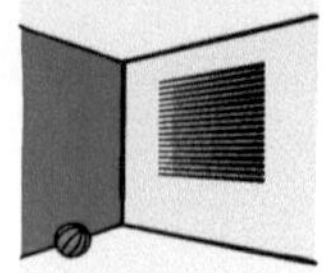

væg

perete

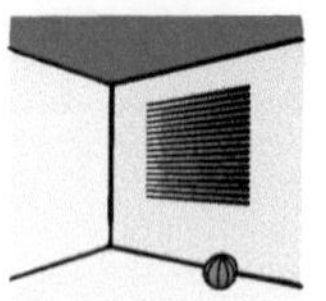

loft

tavan

kælder

pivniță

sauna

saună

altan

balcon

terrasse

terasă

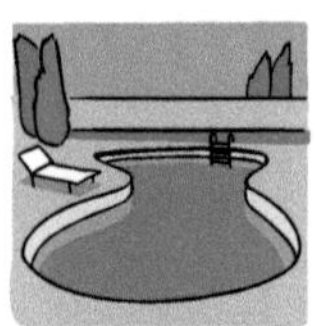

svømmehal

piscină

plæneklipper

mașină de tuns iarba

dynebetræk

cearșaf

dyne

cuvertură

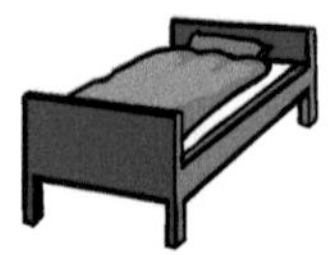

seng

pat

kost

mătură

spand

găleată

kontakt

întrerupător

stue

cameră de zi

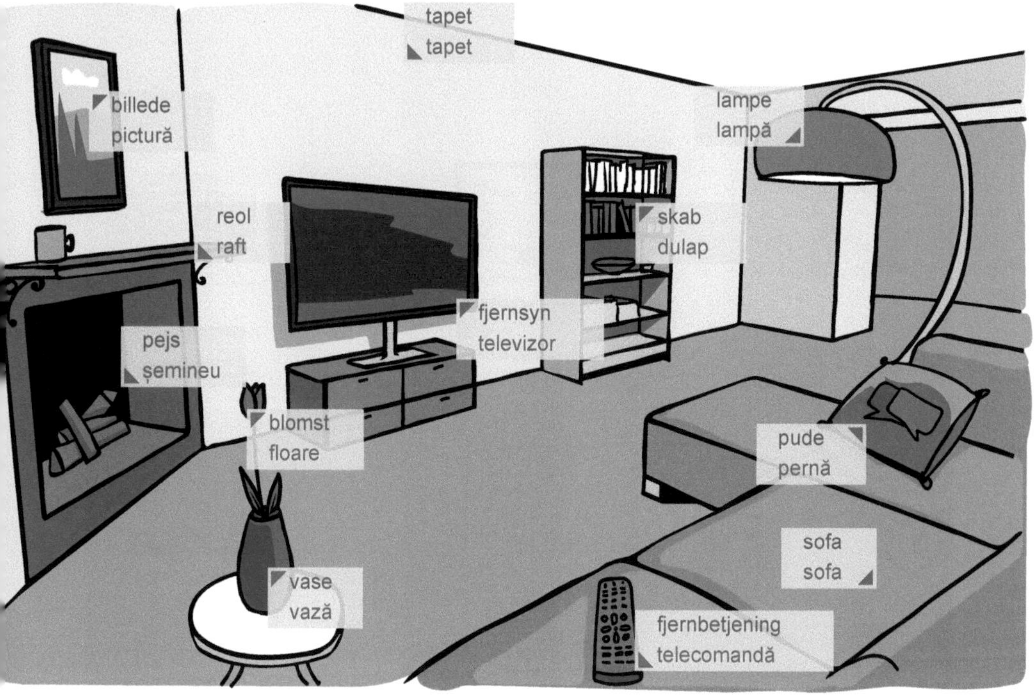

tapet
tapet

billede
pictură

lampe
lampă

reol
raft

skab
dulap

fjernsyn
televizor

pejs
șemineu

blomst
floare

pude
pernă

sofa
sofa

vase
vază

fjernbetjening
telecomandă

gulvtæppe

covor

gardin

perdea

bord

masă

stol

scaun

gyngestol

balansoar

lænestol

fotoliu

bog

carte

tæppe

pătură

dekoration

decoraţiune

brænde

lemn de foc

film

film

stereoanlæg

instalație stereo

nøgle

cheie

avis

ziar

maleri

desen

plakat

poster

radio

radio

notesblok

caiet de notițe

støvsuger

aspirator

kaktus

cactus

lys

lumânare

køkken
bucătărie

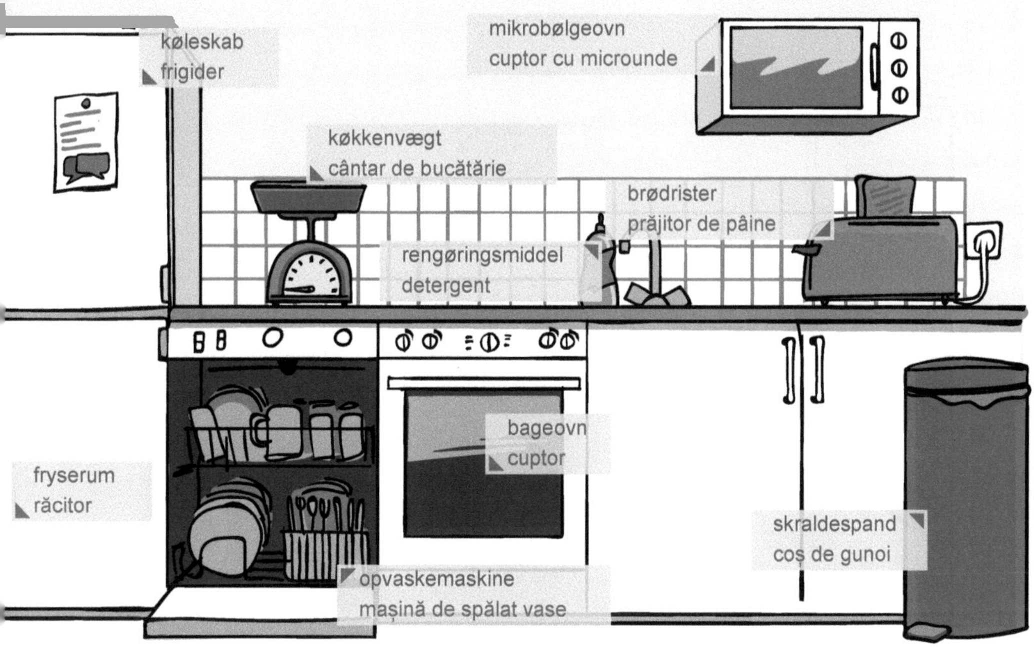

køleskab
frigider

mikrobølgeovn
cuptor cu microunde

køkkenvægt
cântar de bucătărie

brødrister
prăjitor de pâine

rengøringsmiddel
detergent

bageovn
cuptor

fryserum
răcitor

skraldespand
coș de gunoi

opvaskemaskine
mașină de spălat vase

komfur
....
cuptor

gryde
....
oală

jerngryde
....
oală de metal

wok / kadai
....
wok/kadai

pande
....
tigaie

elkedel
....
ceainic

dampkoger

oală de gătit cu aburi

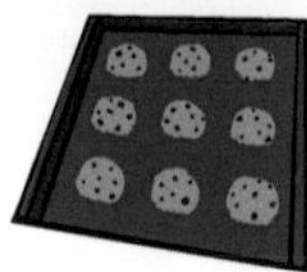

bageplade

tavă de copt

service

veselă

bæger

pahar

skål

bol

spisepinde

bețișoare

øseske

polonic

paletkniv

spatulă

piskeris

tel

dørslag

sită

si

sită

rive

răzătoare

morter

mojar

grille

grătar

ildsted

loc pentru grătar

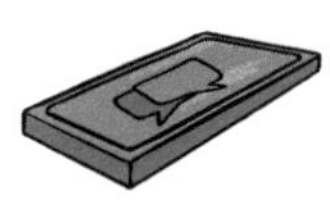

skærebræt

tocător

kagerulle

sucitor

proptrække r

tirbușon

dåse

conservă

dåseåbner

deschizător de conserve

grydelap

șervete termice

køkkenvask

chiuvetă

børste

perie

svamp

burete

blender

mixer

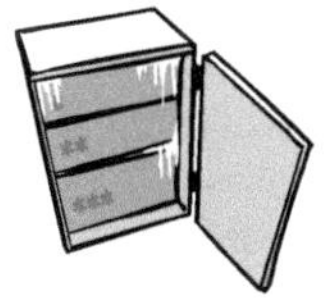

dybfryser

ladă frigorifică

sutteflaske

biberon

vandhane

robinet

badeværelse

baie

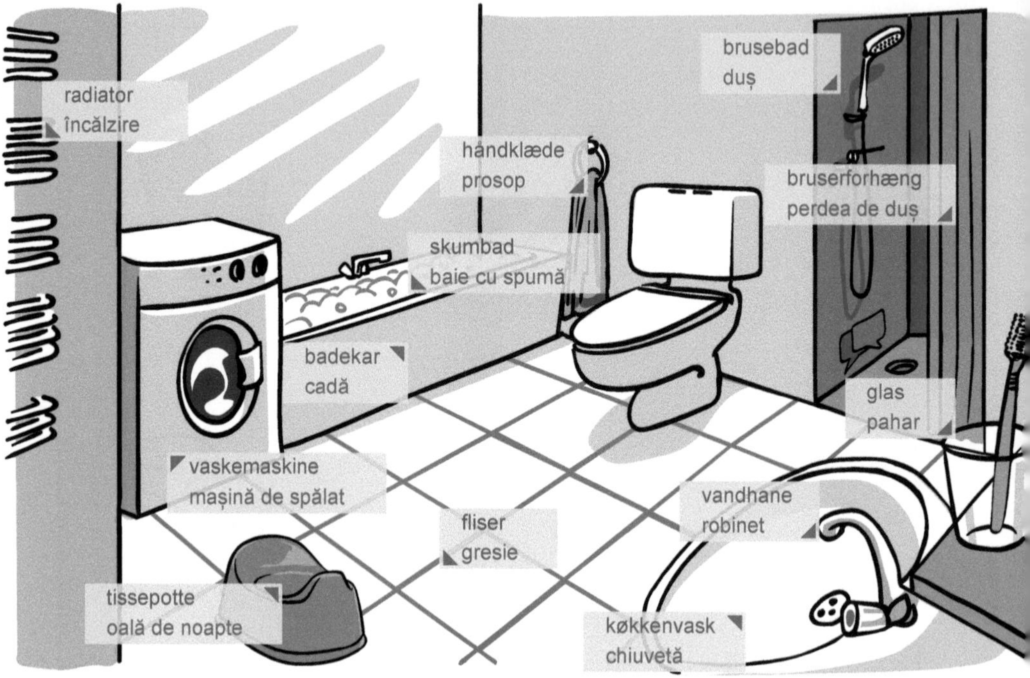

radiator
încălzire

brusebad
duș

håndklæde
prosop

bruserforhæng
perdea de duș

skumbad
baie cu spumă

badekar
cadă

glas
pahar

vaskemaskine
mașină de spălat

vandhane
robinet

fliser
gresie

tissepotte
oală de noapte

køkkenvask
chiuvetă

toilet
toaletă

hugsiddende toilet
toaletă turcescă

bidet
bideu

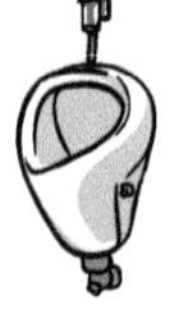

pissoir
pisoir

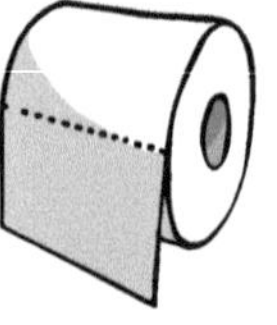

toiletpapir
hârtie igienică

toiletbørste
perie de toaletă

tandbørste

periuță de dinți

tandpasta

pastă de dinți

tandtråd

ață dentară

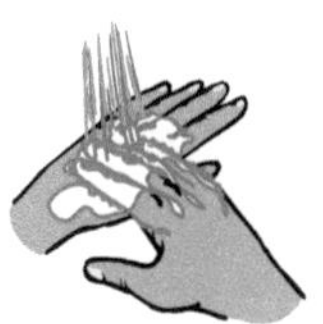

vaske

a spăla

håndbruser

cap de duș

intimbruser

duș intim

vaskefad

lavoar

badebørste

perie pentru spate

sæbe

săpun

brusegele

gel de duș

shampoo

șampon

vaskeklud

cârpă de spălat

afløb

scurgere

creme

cremă

deodorant

deodorant

spejl

oglindă

kosmetikspejl

oglindă cosmetică

barberhøvl

aparat de ras

barberskum

spumă de ras

barbervand

aftershave

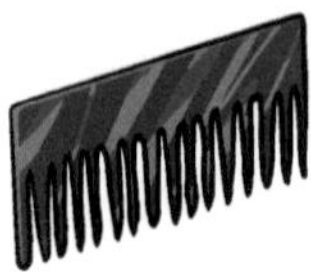

kam

pieptene

børste

perie

hårtørrer

uscător de păr

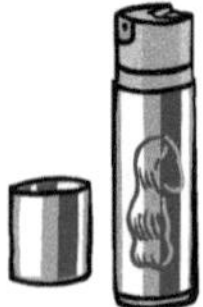

hårspray

fixator

makeup

machiaj

læbestift

ruj

neglelak

lac de unghii

vat

vată

neglesaks

foarfece de unghii

parfume

parfum

toilettaske

neseser

skammel

taburet

vægt

cântar

badekåbe

halat de baie

gummihandsker

mănuși de cauciuc

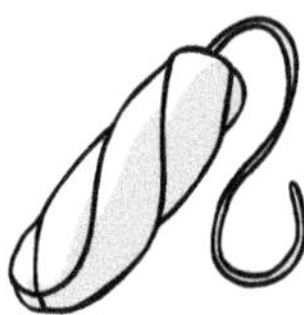

tampon

tampon

damebind

tampon

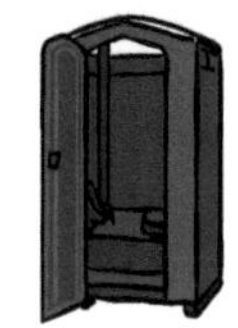

kemisk toilet

toaletă chimică

børneværelse
camera copiilor

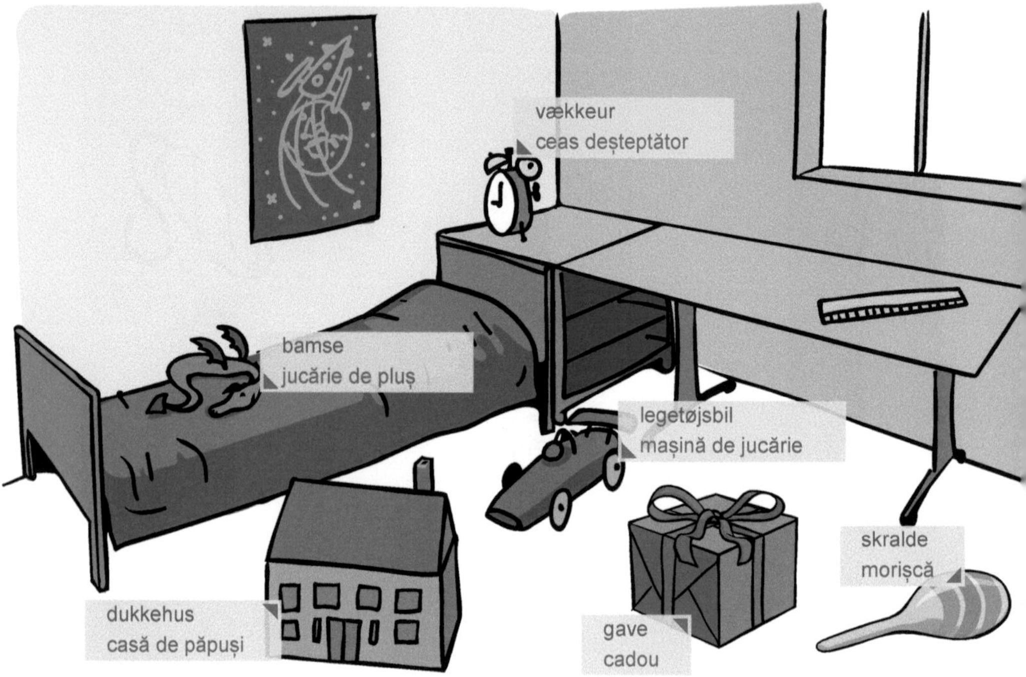

vækkeur
ceas deșteptător
bamse
jucărie de pluș
legetøjsbil
mașină de jucărie
skralde
morișcă
dukkehus
casă de păpuși
gave
cadou

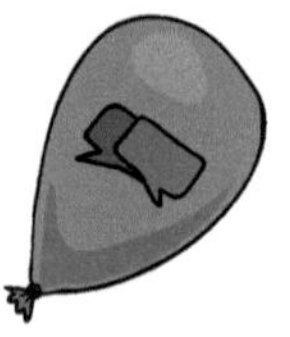

ballon
balon

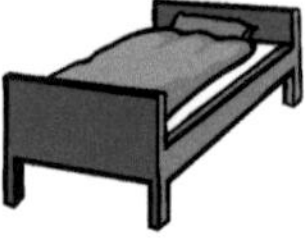

seng
pat

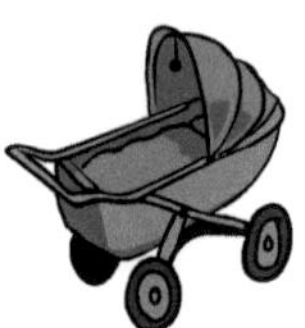

barnevogn
cărucior de copii

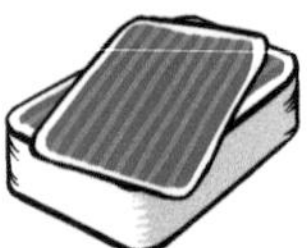

kortspil
joc de cărți

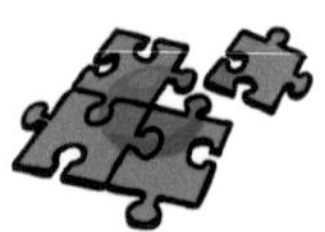

puslespil
puzzle

SUPER
MEGA

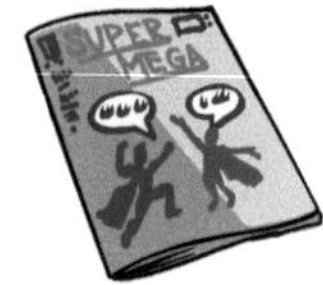

tegneserie
revistă de benzi desenate

legoklodser

cuburi lego

byggeklodser

piese pentru construcții

action figur

personaj din filmele de acţiune

sparkedragt

body

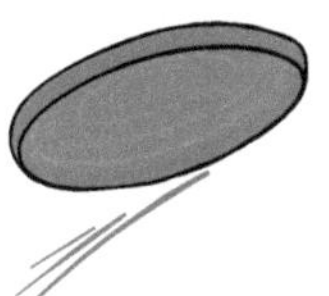

frisbee

frisbee

uro

mobil

brætspil

joc de societate

terning

zar

modeljernbane

set trenuleț de jucărie

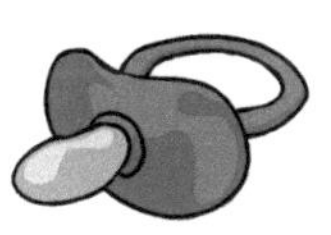

sut

suzetă

fest

petrecere

billedbog

carte cu poze

bold

minge

dukke

păpușă

lege

a se juca

sandkasse

groapă de nisip

gynge

leagăn

legetøj

jucării

spillekonsol

consolă video

trehjulet cykel

tricicletă

bamse

ursuleț

klædeskab

dulap

tøj

îmbrăcăminte

sokker

șosete

strømper

ciorapi

strømpebukser

dres

sjal
șal

paraply
umbrelă

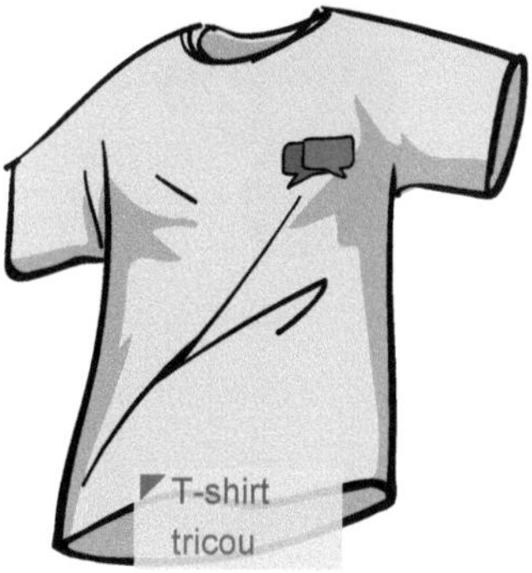

T-shirt
tricou

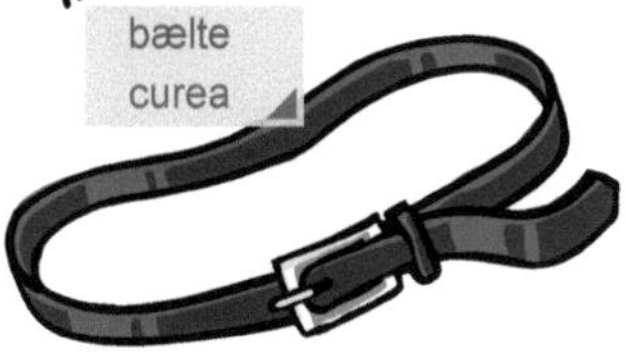

bælte
curea

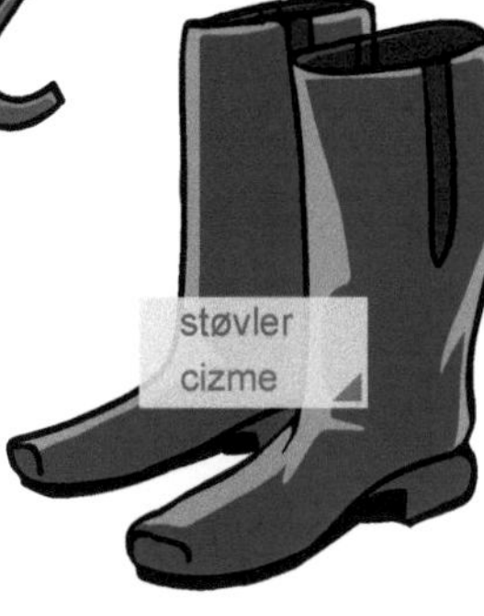

støvler
cizme

hjemmesko
papuci

sneakers
pantofi sport

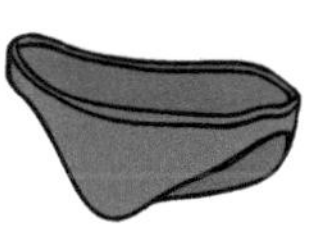

sandaler

sandale

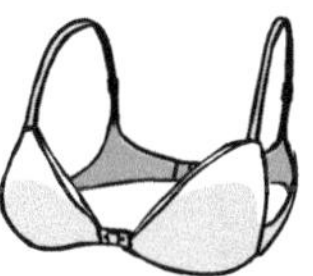

sko

încălțăminte

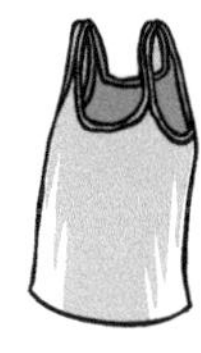

gummistøvler

cizme de cauciuc

underbukser

chilot

BH

sutien

undertrøje

maiou

body

body

bukser

pantaloni

jeans

blugi

nederdel

fustă

bluse

bluză

skjorte

cămașă

pullover

pulover

sweatshirt

jerseu

blazer

sacou

jakke

jachetă

frakke

palton

regnfrakke

pelerină de ploaie

kostume

costum

kjole

rochie

brudekjole

rochie de mireasă

jakkesæt

costum

nattrøje

cămașă de noapte

pyjamas

pijama

sari

sari

hovedtørklæde

batic

turban

turban

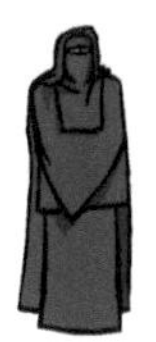

burka

burka

kaftan

caftan

abaya

abaya

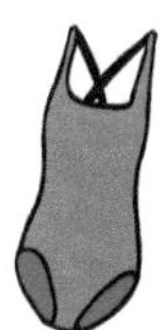

badedragt

costum de baie

badebukser

șort

korte bukser

pantaloni scurți

træningsdragt

trening

forklæde

șorț

handsker

mănuși

knap

nasture

briller

ochelari

armbånd

brățară

kæde

lanț

ring

inel

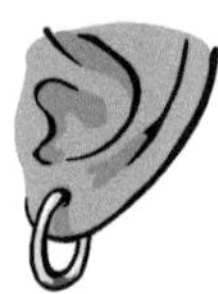

ørering

cercel

hue

căciulă

bøjle

umeraș

hat

pălărie

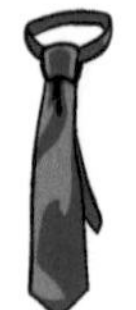

slips

cravată

lynlås

fermoar

hjelm

cască

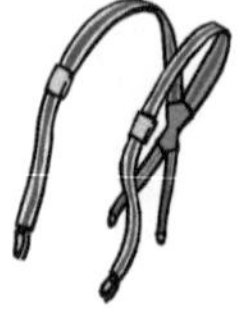

seler

bretele

skoleuniform

uniformă școlară

uniform

uniformă

hagesmæk

bavețică

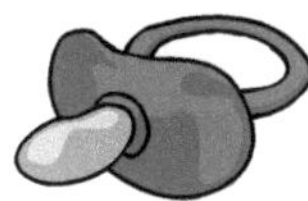

sut

suzetă

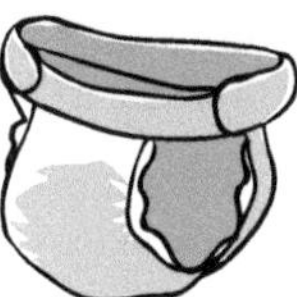

ble

scutec

kontor
birou

server
server

arkivskab
dulap de acte

printer
imprimantă

papir
hârtie

skærm
monitor

skrivebord
masă de birou

mus
mouse

mappe
fișier

tastatur
tastatură

papirkurv
coș de gunoi

computer
computer

stol
scaun

kaffekrus

ceașcă de cafea

lommeregner

calculator

internet

internet

bærbar

laptop

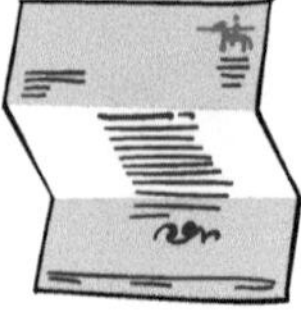

brev

scrisoare

besked

mesaj

mobil

telefon mobil

netværk

rețea

kopimaskine

copiator

software

software

telefon

telefon

stikdåse

priză

fax

fax

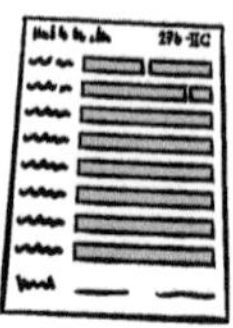

formular

formular

dokument

document

økonomi
economie

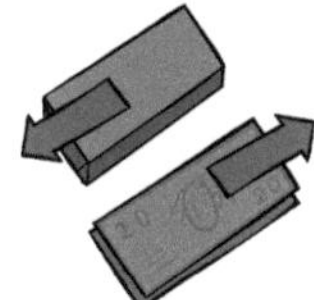

købe

a cumpăra

betale

a plăti

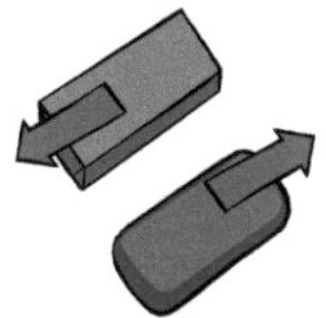

handle

a face comerț

penge

bani

dollar

Dolar

euro

Euro

yen

Yen

rubel

Rublă

schweizerfranc

Franc Elvețian

renminbi yuan

renminbi yuan

rupee

Rupie

hæveautomat

bancomat

vekselkontor

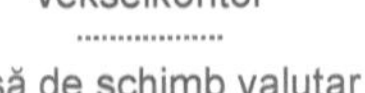

casă de schimb valutar

guld

aur

sølv

argint

olie

petrol

energi

energie

pris

preț

kontrakt

contract

skat

impozit

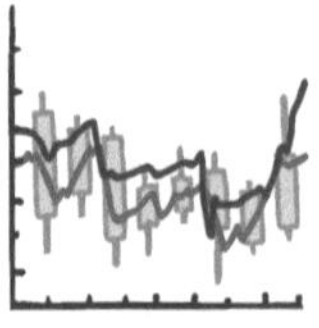

aktie

acțiune

arbejde

a munci

ansat

angajat

arbejdsgiver

angajator

fabrik

fabrică

butik

magazin

erhverv
ocupații

politimand
polițist

brandmand
pompier

kok
bucătar

læge
medic

pilot
pilot

gartner

grădinar

tømrer

tâmplar

syerske

cusătoreasă

dommer

judecător

kemiker

chimist

skuespiller

actor

buschauffør

șofer de autobuz

taxachauffør

șofer de taxi

fisker

pescar

rengøringskone

femeie de serviciu

tagdækker

tinichigiu

tjener

chelnăr

jæger

vânător

maler

pictor

bager

brutar

elektriker

electrician

bygningsarbejder

muncitor în construcții

ingeniør

inginer

slagter

măcelar

vvs-mand

instalator

postbud

poștaș

soldat

soldat

arkitekt

arhitect

kasserer

casier

blomsterhandler

florar

frisør

frizer

togfører

controlor

mekaniker

mecanic

kaptajn

căpitan

tandlæge

stomatolog

videnskabsmand

om de știință

rabbiner

rabin

imam

imam

munk

călugăr

præst

preot

værktøj

instrumente

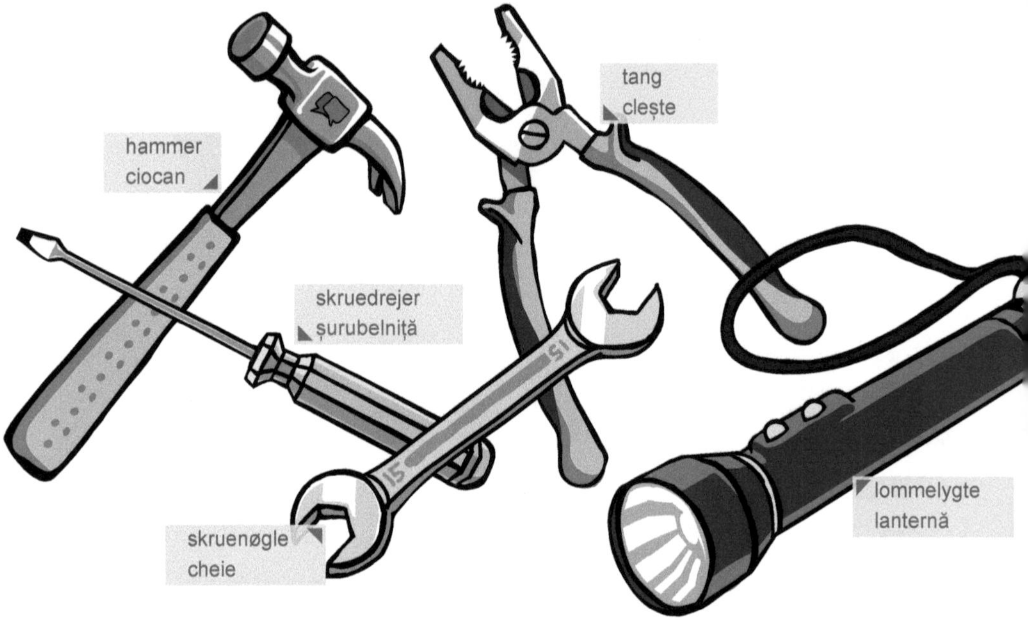

hammer
ciocan

tang
cleşte

skruedrejer
şurubelniţă

skruenøgle
cheie

lommelygte
lanternă

gravemaskine

excavator

værktøjskasse

cutie de scule

stige

scară

sav

ferăstrău

søm

cuie

bor

burghiu

reparere

a repara

skovl

lopată

Lort!

La naiba!

fejebakke

făraș

malerspand

vas pentru vopsea

skruer

șuruburi

musikinstrumenter
instrumente muzicale

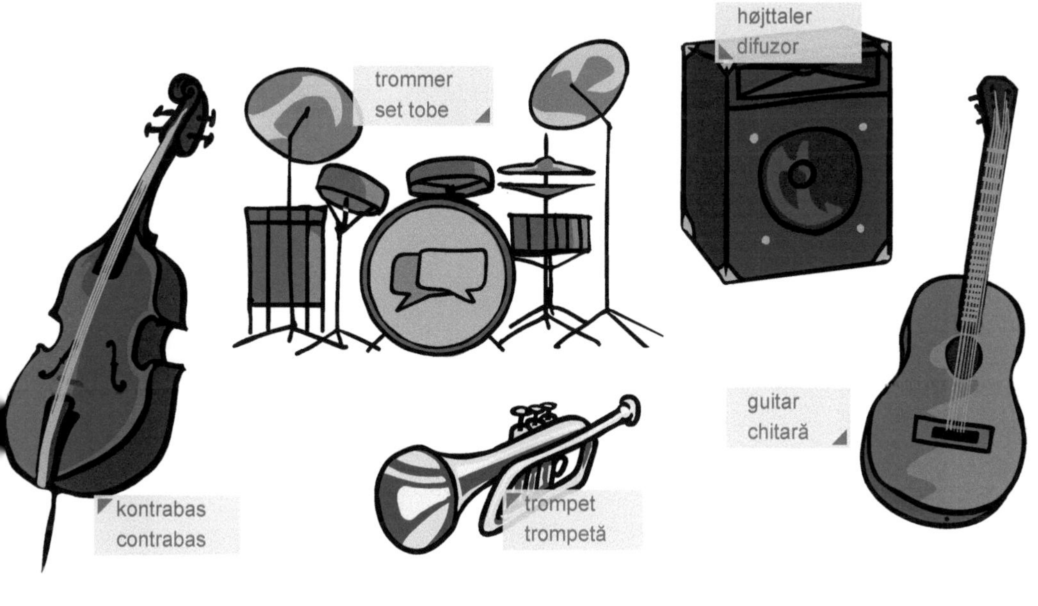

højttaler
difuzor

trommer
set tobe

guitar
chitară

kontrabas
contrabas

trompet
trompetă

klaver

pian

violin

vioară

bas

bas

pauke

trombon

tromme

tobă

keyboard

keyboard

saxofon

saxofon

fløjte

fluier

mikrofon

microfon

zoo
grădină zoologică

indgang
intrare

tiger
tigru

bur
cușcă

zebra
zebră

dyrefoder
mâncare pentru animale

panda
panda

dyr
animale

elefant
elefant

kænguru
cangur

næsehorn
rinocer

gorilla
gorilă

bjørn
urs

kamel

cămilă

struds

struț

løve

leu

abe

maimuță

flamingo

flamingo

papegøje

papagal

isbjørn

urs polar

pingvin

pinguin

haj

rechin

påfugl

păun

slange

șarpe

krokodille

crocodil

dyrepasser

îngrijitor grădina zoologică

sæl

focă

jaguar

jaguar

pony

ponei

leopard

leopard

flodhest

hipopotam

giraf

girafă

ørn

acvilă

vildsvin

porc mistreț

fisk

pește

skildpadde

broască țestoasă

hvalros

morsă

ræv

vulpe

gazelle

gazelă

sport
sport

amerikansk football
fotbal american
cykling
ciclism
tennis
tenis
basketball
basketball
svømning
înot
boksning
box
ishockey
hockey pe gheață
fodbold
fotbal
badminton
badminton
atletik
atletism
håndbold
handbal
skiløb
schi
polo
polo

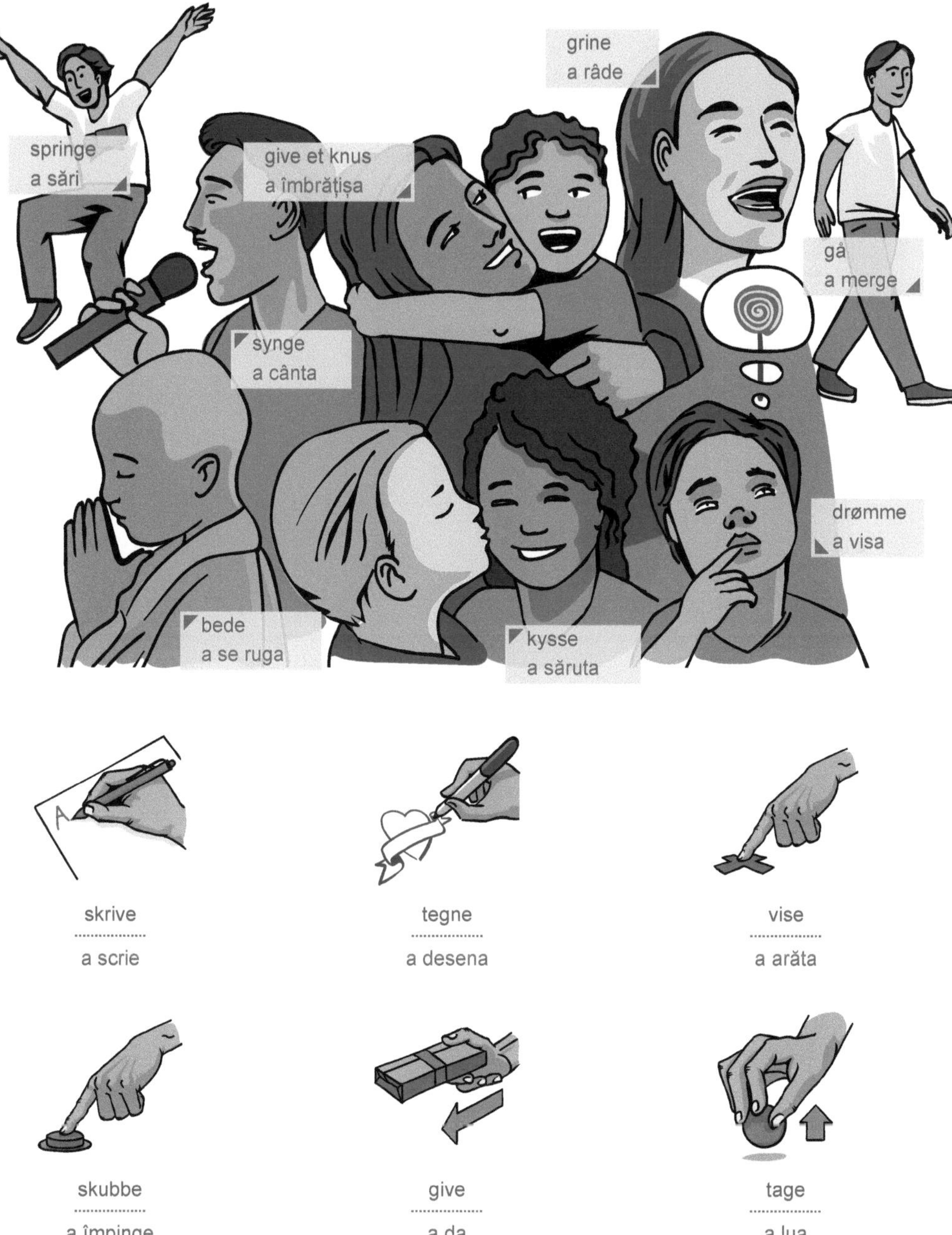
grine
a râde
springe
a sări
give et knus
a îmbrățișa
gå
a merge
synge
a cânta
drømme
a visa
bede
a se ruga
kysse
a săruta
skrive
a scrie
tegne
a desena
vise
a arăta
skubbe
a împinge
give
a da
tage
a lua

have

a avea

gøre

a face

være

a fi

stå

a sta în picioare

løbe

a fugi

trække

a trage

kaste

a arunca

falde

a cădea

ligge

a sta întins

vente

a aștepta

bære

a purta

sidde

a ședea

tage på

a se îmbrăca

sove

a dormi

vågne

a se trezi

se på

a privi

græde

a plânge

ae

a mângâia

kæmme

a se pieptăna

tale

a vorbi

forstå

a înțelege

spørge

a întreba

høre

a asculta

drikke

a bea

spise

a mânca

rydde op

a face ordine

elske

a iubi

koge

a găti

køre

a conduce

flyve

a zbura

sejle

a naviga

regne

a calcula

læse

a citi

lære

a învăța

arbejde

a munci

gifte sig med

a se căsători

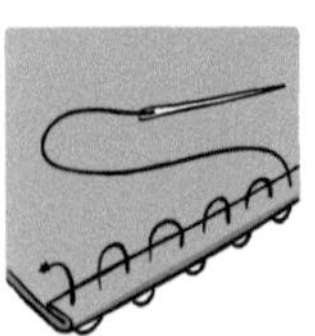

sy

a coase

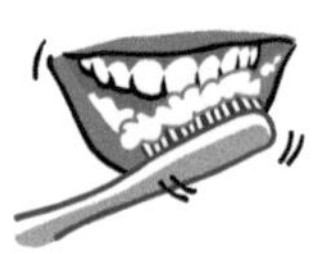

børste tænder

a se spăla pe dinți

dræbe

a ucide

ryge

a fuma

sende

a trimite

familie
familie

bedstemor
bunică

bedstefar
bunic

far
tată

mor
mamă

baby
bebeluș

datter
soră

søn
fiu

gæst

oaspete

tante

mătușă

onkel

unchi

bror

frate

søster

soră

krop

corp

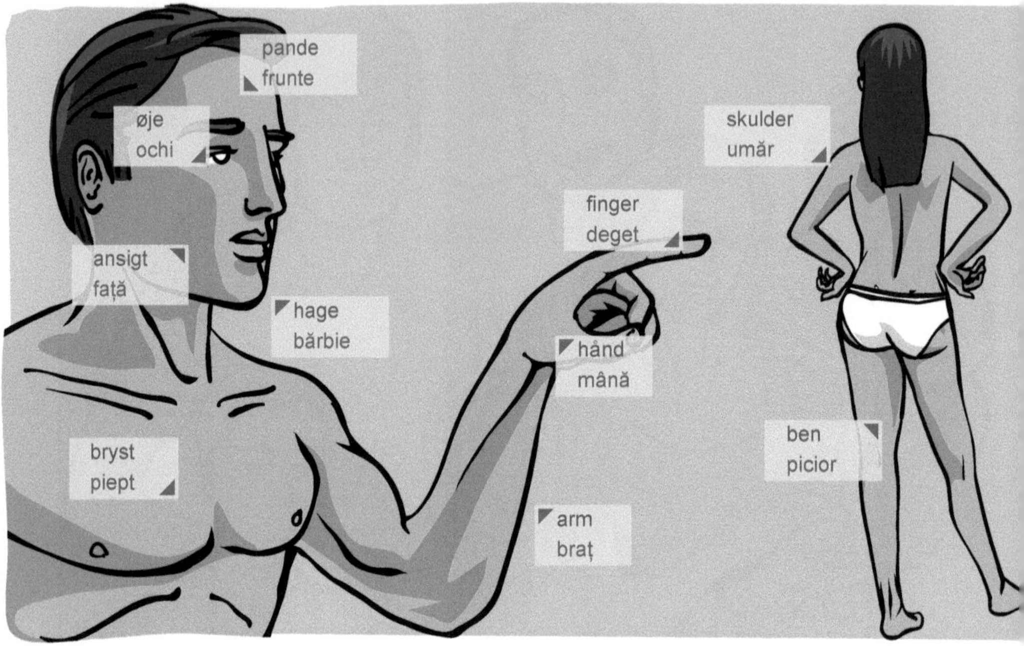

pande
frunte

øje
ochi

skulder
umăr

finger
deget

ansigt
față

hage
bărbie

hånd
mână

ben
picior

bryst
piept

arm
braț

baby

bebeluș

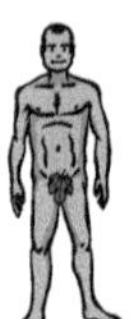

mand

bărbat

kvinde

femeie

pige

fată

dreng

băiat

hoved

cap

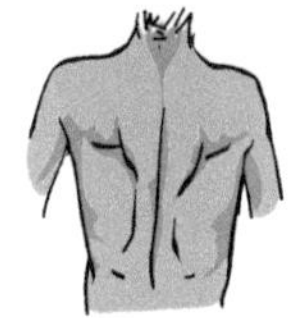

ryg

spate

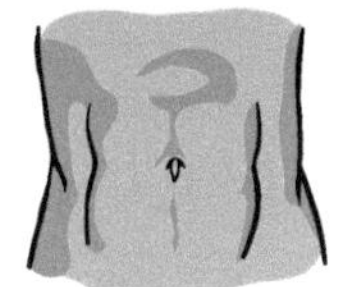

mave

abdomen

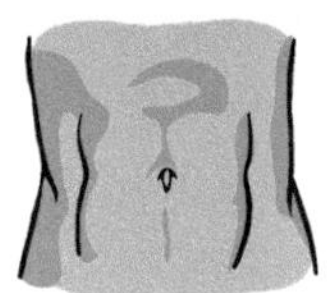

navle

ombilic

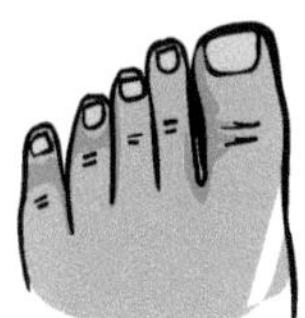

tå

deget de la picior

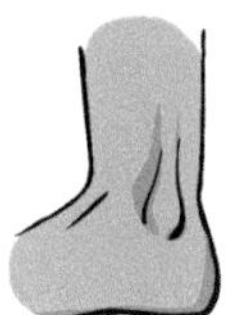

hæl

călcâi

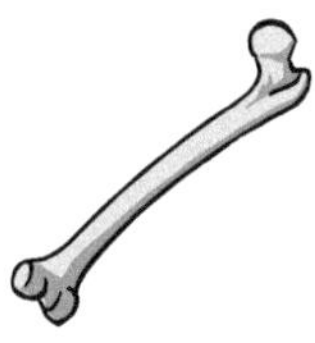

knogle

os

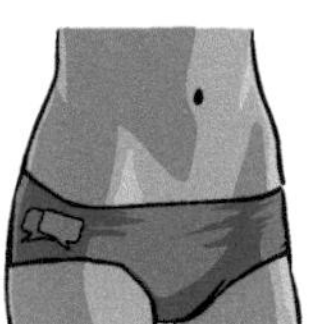

hofte

șold

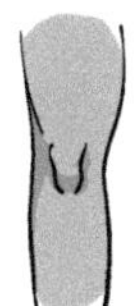

knæ

genunchi

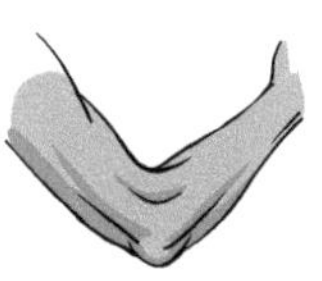

albue

cot

næse

nas

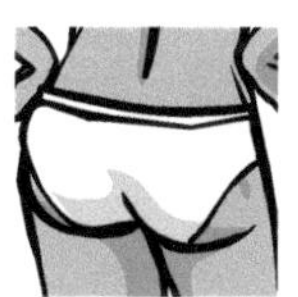

bagdel

fund

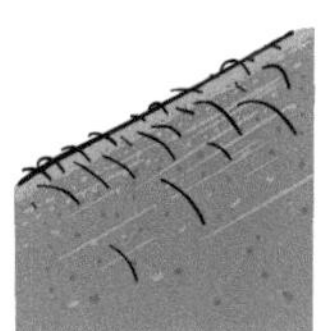

hud

piele

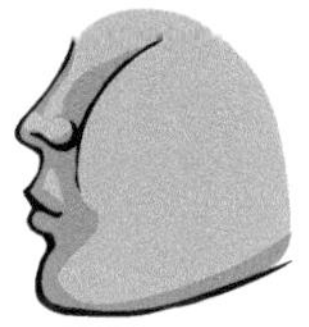

kind

obraz

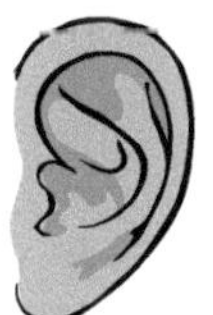

øre

ureche

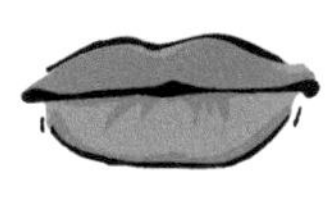

læbe

buză

mund

gură

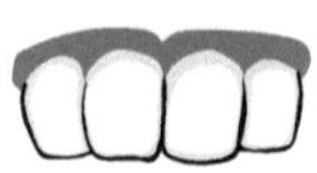

tand

dinte

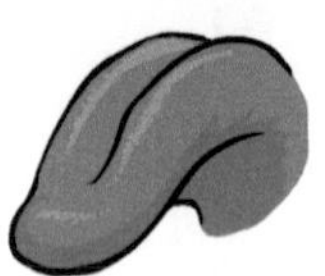

tunge

limbă

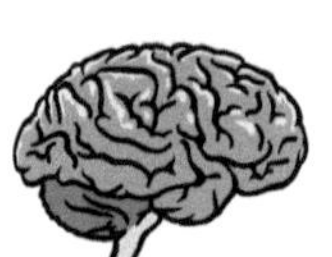

hjerne

creier

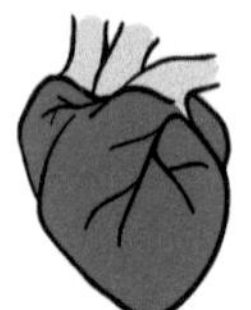

hjerte

inimă

muskel

mușchi

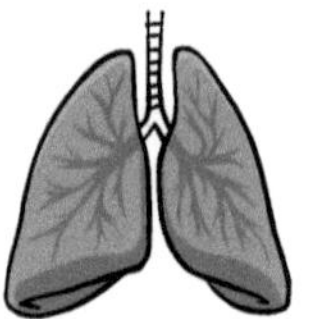

lunge

plămân

lever

ficat

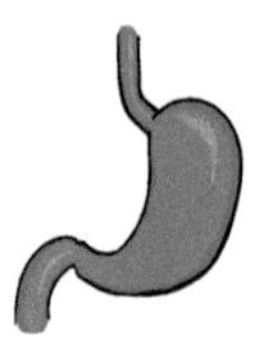

mavesæk

stomac

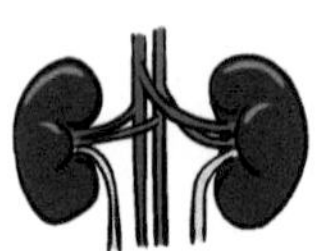

nyrer

rinichi

sex

sex

kondom

prezervativ

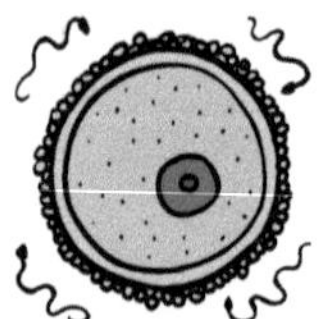

ægcelle

ovul

sperm

spermă

svangerskab

sarcină

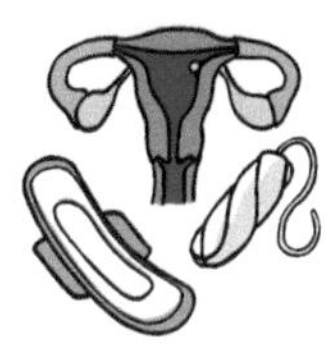

menstruation

menstruație

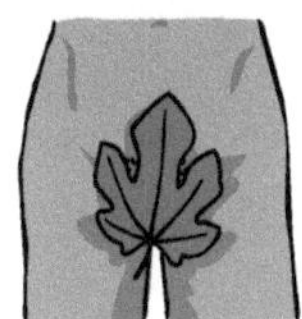

vagina

vagin

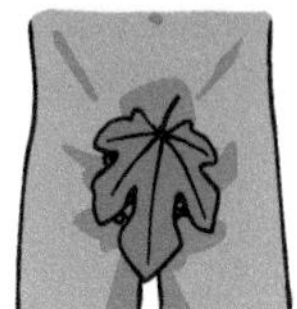

penis

penis

øjenbryn

sprânceană

hår

păr

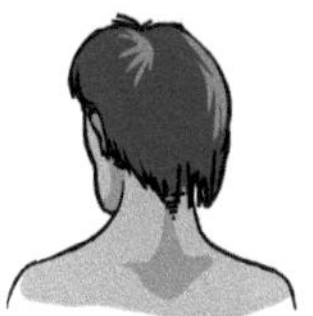

hals

gât

sygehus
spital

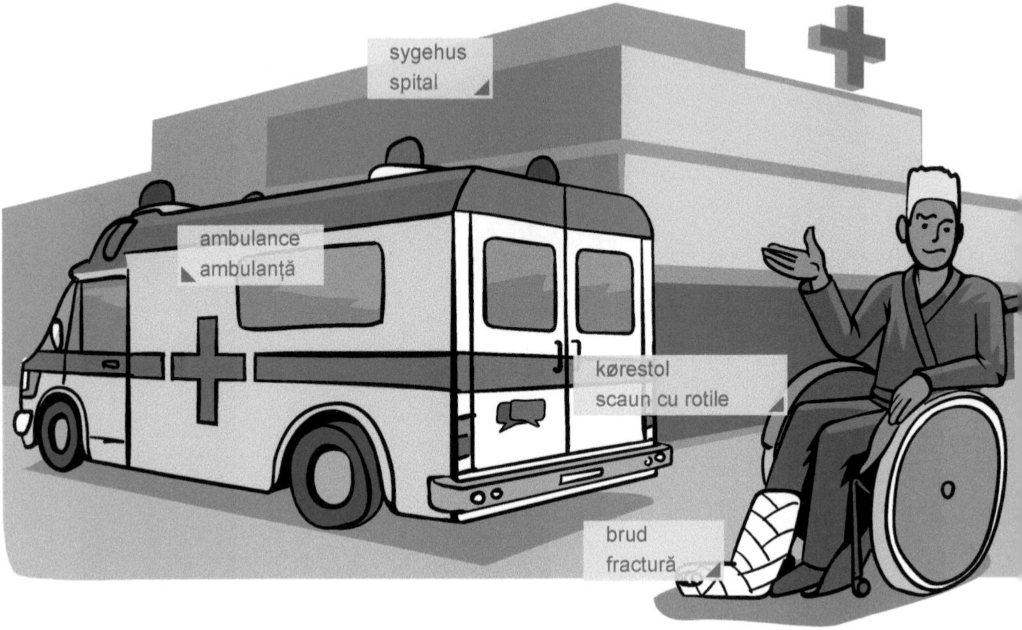

sygehus
spital

ambulance
ambulanță

kørestol
scaun cu rotile

brud
fractură

lække
medic

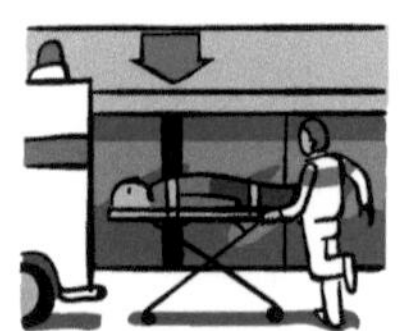

akutmodtagelse
unitate de primiri urgențe

sygeplejerske
soră medicală

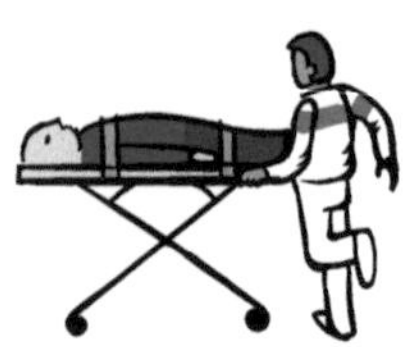

nødstilfælde
urgență

bevidstløs
inconștient

smerte
durere

skade

leziune

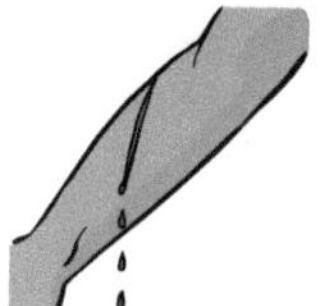

blødning

sângerare

hjerteinfarkt

infarct miocardic

slagtilfælde

atac cerebral

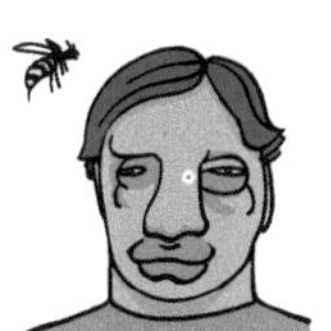

allergi

alergie

hoste

tuse

feber

febră

influenza

gripă

diarré

diaree

hovedpine

durere de cap

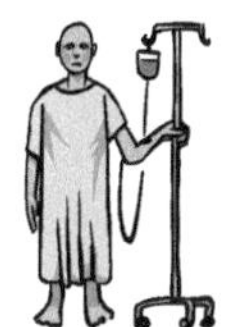

kræft

cancer

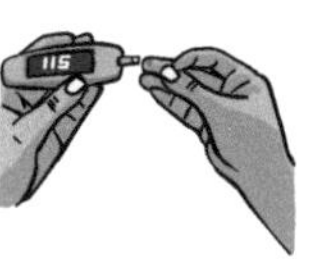

diabetes

diabet

kirurg

chirurg

skalpel

scalpel

operation

operație

CT

CT

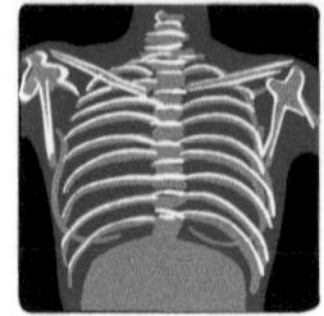

røntgen

raze Röntgen

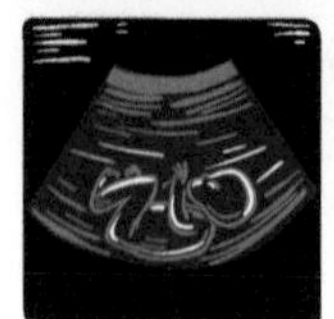

ultralyd

ultrasunet

maske

mască

sygdom

boală

venteværelse

sală de așteptare

krykke

cârjă

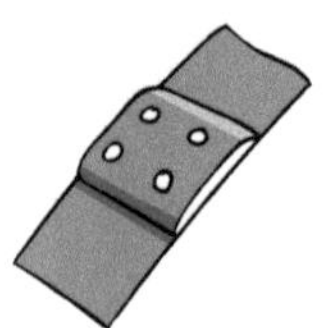

plaster

plasture

forbinding

bandaj

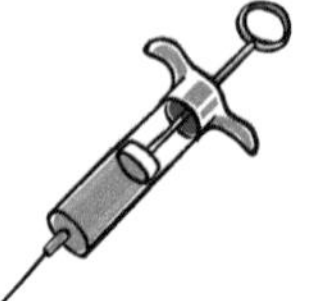

injektion

injecție

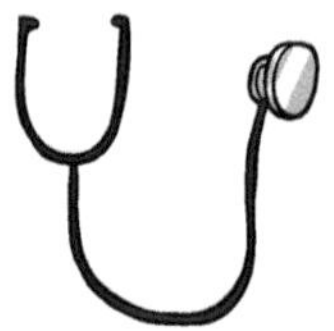

stetoskop

stetoscop

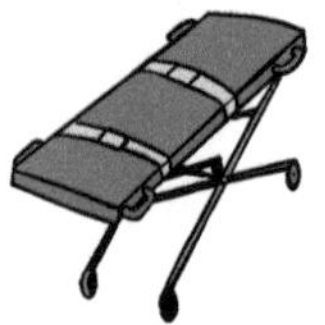

båre

targă

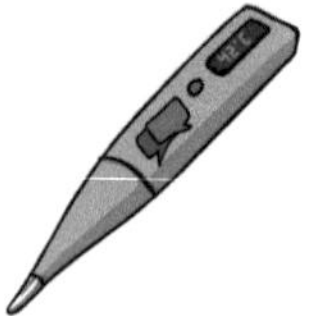

termometer

termometru

fødsel

naștere

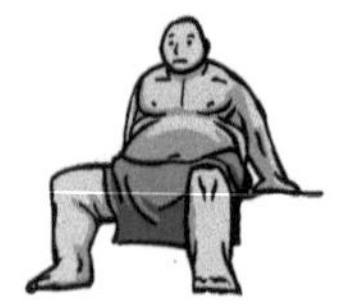

overvægt

supraponderabilitate

høreapparat

aparat auditiv

desinficerende middel

dezinfectant

infektion

infecție

virus

virus

HIV / AIDS

HIV/SIDA

medicin

medicină

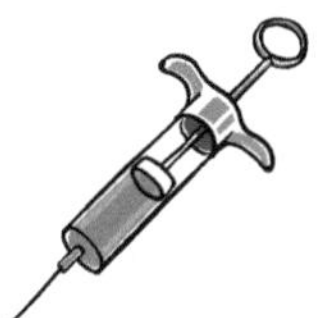

vaccination

vaccin

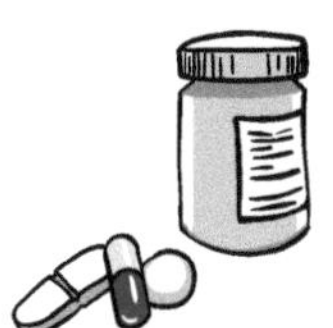

tabletter

tablete

pille

pastilă

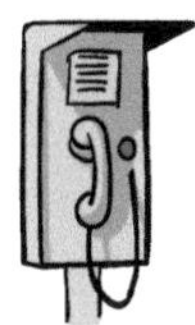

nødopkald

apel de urgență

blodtryksmåler

aparat de măsurare a presiunii arteriale

syg / rask

bolnav/sănătos

nødstilfælde

urgență

Hjælp!

Ajutor!

alarm

alarmă

overfald

agresiune

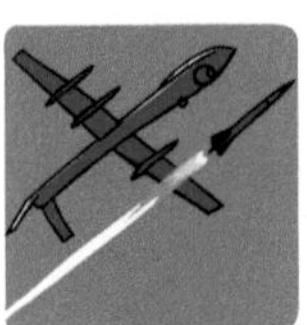

angreb

atac

fare

pericol

nødudgang

ieșire de urgență

Det brænder!

Foc!

ildslukker

extinctor

uheld

accident

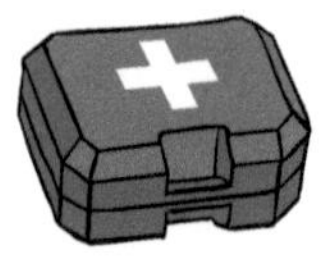

førstehjælps-kuffert

trusă de prim-ajutor

SOS

SOS

politi

poliție

Europa
Europa

Nordamerika
America de Nord

Sydamerika
America de Sud

Afrika
Africa

Asien
Asia

Australien
Australia

Atlanterhavet
Altantic

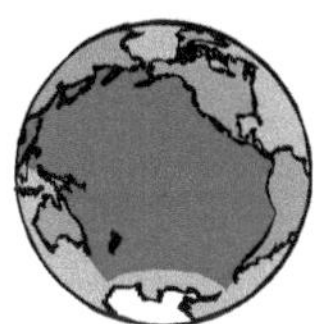

Stillehavet
Pacific

Indiske Ocean
Oceanul Indian

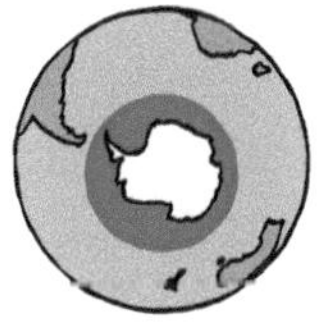

Sydlige Ishav
Oceanul Antarctic

Ishav
Oceanul Arctic

Nordpol
Polul Nord

Sydpol

Polul Sud

Antarktis

Antarctica

Jorden

pământ

land

țară

hav

mare

ø

insulă

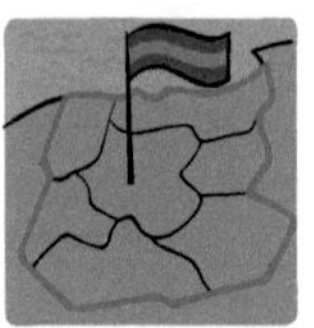

nation

națiune

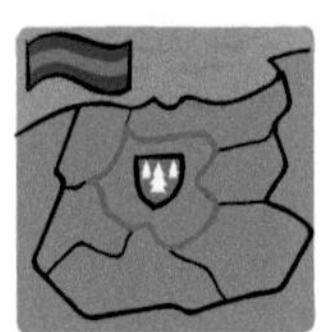

stat

stat

ur

ceas

urskive

cadran

timeviser

orar

minutviser

minutar

sekundviser

secundar

Hvad er klokken?

Cât e ceasul?

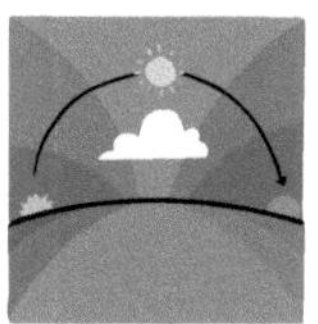

dag

zi

tid

timp

nu

acum

digitalur

cead digital

minut

minut

time

oră

uge
săptămână

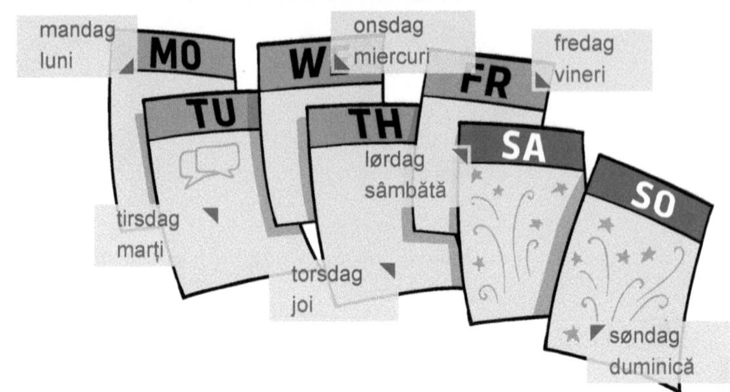

i går

ieri

i dag

azi

i morgen

mâine

morgen

dimineață

middag

amiază

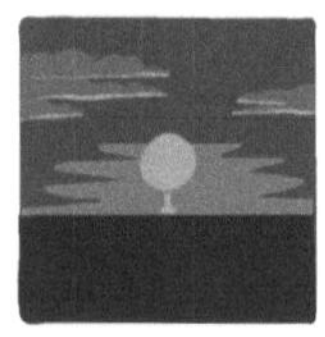

aften

seară

arbejdsdage

zile lucrătoare

weekend

week-end

år
an

regn
ploaie
regnbue
curcubeu
vind
vânt
sne
zăpadă
forår
primăvară
sommer
vară
efterår
toamnă
vinter
iarnă

4.APRIL 11°
5.APRIL 4°
6.APRIL 13°
7.APRIL 8°
8.APRIL 10°

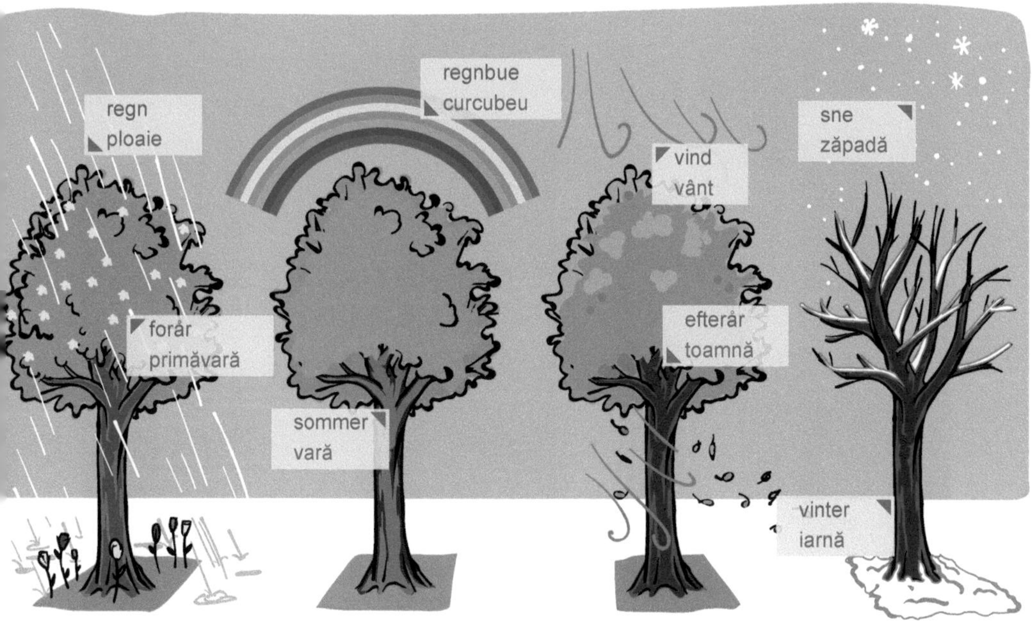

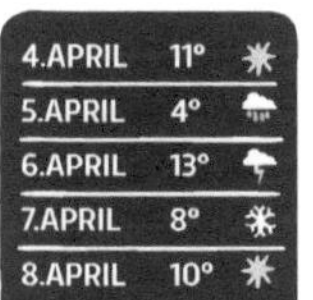

vejrudsigt

prognoză meteo

F C
120 90 60 30 0 -30
40 30 20 10 0 -10 -20

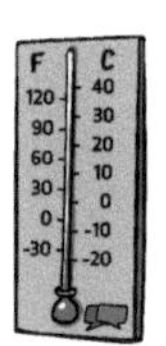

termometer

termometru

solskin

lumina soarelui

sky

nor

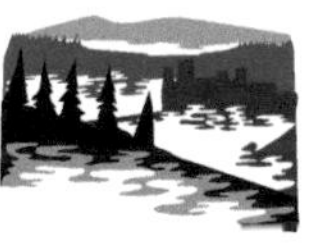

tåge

ceață

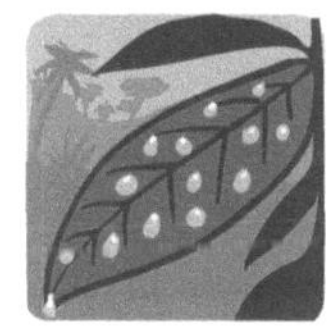

luftfugtighed

umiditate a aerului

lyn

fulger

torden

tunet

storm

furtună

hagl

grindină

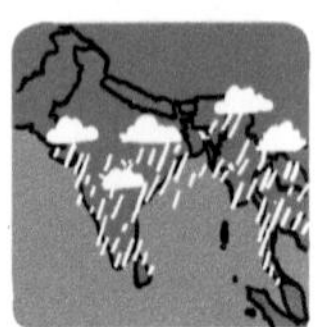

monsun

muson

flod

inundație

is

gheață

januar

ianuarie

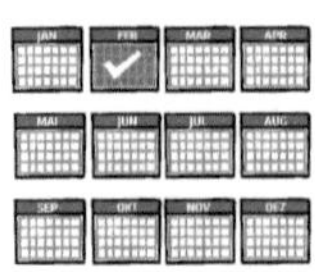

februar

februarie

marts

martie

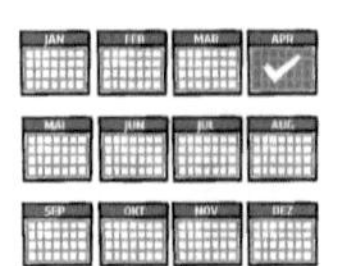

april

aprilie

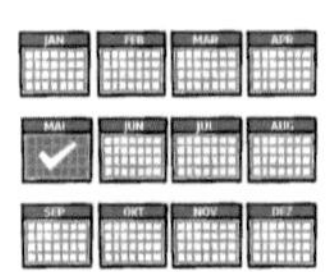

maj

mai

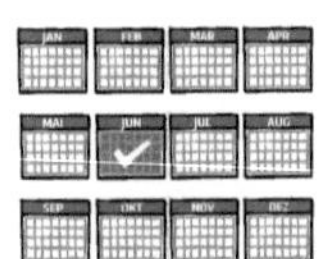

juni

iunie

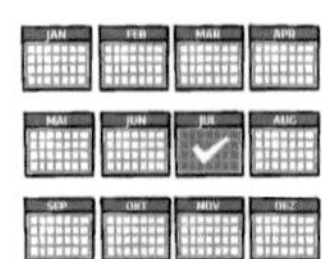

juli

iulie

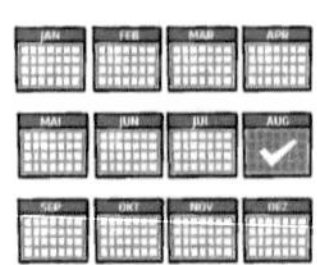

august

august

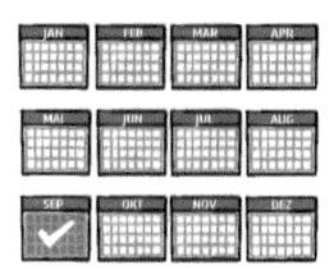

september
septembrie

oktober
octombrie

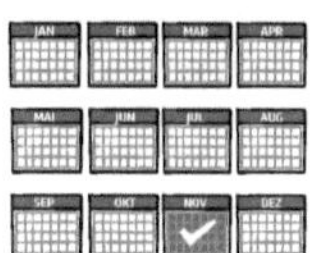

november
noiembrie

december
decembrie

former
forme

cirkel
cerc

kvadrat
pătrat

firkant
dreptunghi

trekant
triunghi

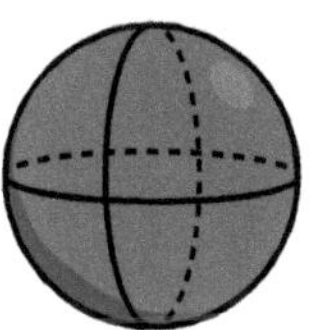

kugle
sferă

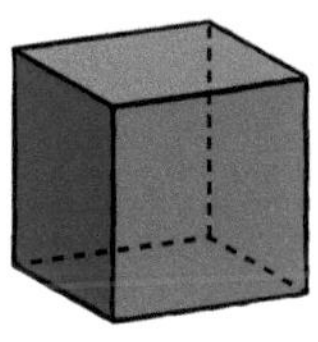

terning
cub

farver

culori

hvid

alb

gul

galben

orange

portocaliu

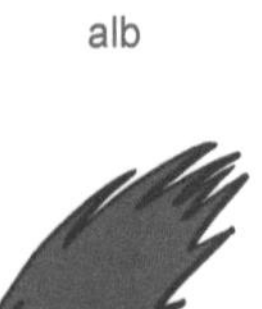

pink

roz

rød

roșu

lilla

violet

blå

albastru

grøn

verde

brun

maro

grå

gri

sort

negru

modsætninger
antonime

meget / lidt
....
mult/puțin

rasende / fredelig
....
furios/calm

smuk / grim
....
frumos/urât

begyndelse / slut
....
început/sfârșit

stor / lille
....
mare/mic

lys / mørk
....
luminos/întunecat

bror / søster
....
frate/soră

ren / snavset
....
curat/murdar

fuldkommen / ufuldkommen
....
complet/incomplet

dag / nat
....
zi/noapte

død / levende
....
mort/viu

bred / smal
....
lat/strâmt

spiselig / uspiselig

comestibil/necomestibil

vred / venlig

rău/prietenos

ophidset / kedet

emoționat/plictisit

tyk / tynd

gras/slab

først / sidst

primul/ultimul

ven / fjende

prieten/inamic

fuld / tom

plin/gol

hård / blød

tare/moale

tung / let

greu/ușor

sult / tørst

foame/sete

syg / rask

bolnav/sănătos

illegal / legal

ilegal/legal

intelligent / dum

inteligent/stupid

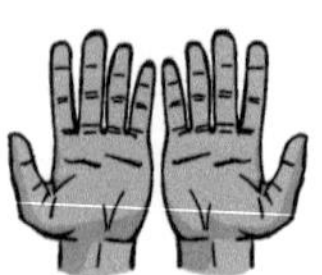

venstre / højre

stânga/drepta

nær / fjern

aproape/departe

ny / brugt

nou/uzat

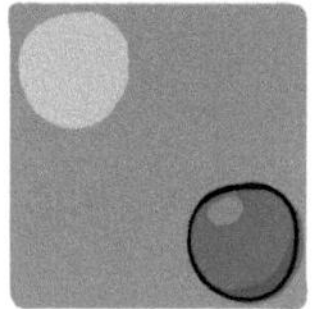

intet / noget

nimic/ceva

gammel / ung

bătrân/tânăr

tændt / slukket

pornit/oprit

åben / lukket

deschis/închis

stille / højt

încet/tare

rig / fattig

bogat/sărac

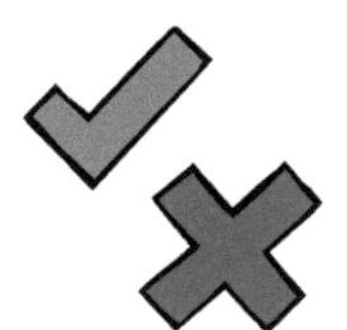

rigtig / forkert

corect/fals

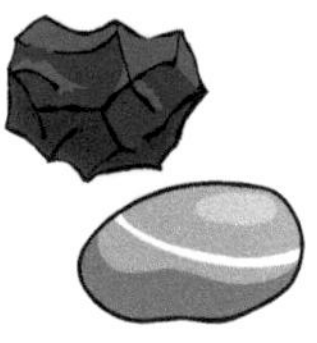

ru / glat

aspru/neted

ked af det / lykkelig

trist/fericit

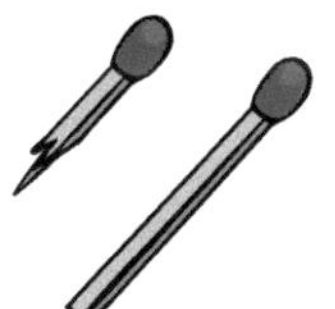

kort / lang

lung/scurt

langsom / hurtig

încet/repede

våd / tør

ud/uscat

varm / kold

cald/rece

krig / fred

război/pace

tal
cifre

0	1	2
nul	en	to
zero	unu	doi
3	**4**	**5**
tre	fire	fem
trei	patru	cinci
6	**7**	**8**
seks	syv	otte
șase	șapte	opt
9	**10**	**11**
ni	ti	elleve
nouă	zece	unsprezece

12

tolv
....
douăsprezece

13

tretten
....
treisprezece

14

fjorten
....
paisprezece

15

femten
....
cincisprezece

16

seksten
....
șaisprezece

17

sytten
....
șaptesprezece

18

atten
....
optsprezece

19

nitten
....
nouăsprezece

20

tyve
....
douăzeci

100

hundrede
....
o sută

1.000

tusinde
....
o mie

1.000.000

million
....
un milion

sprog
limbi

engelsk

engleză

amerikansk engelsk

engleză americană

kinesisk mandarin

chineza mandarină

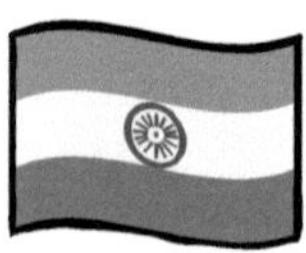

hindi

hindi

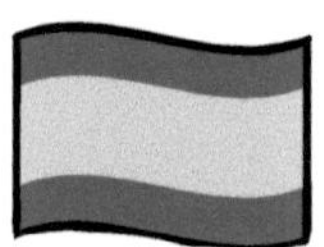

spansk

spaniolă

fransk

franceză

arabisk

arabă

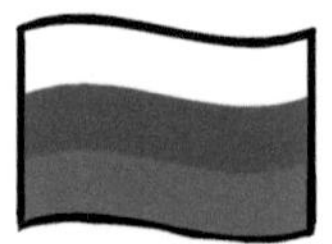

russisk

rusă

portugisisk

protugheză

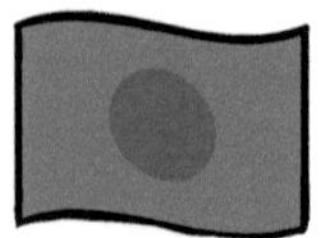

bengalsk

bengaleză

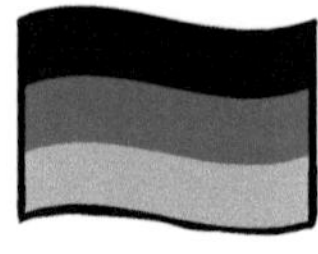

tysk

germană

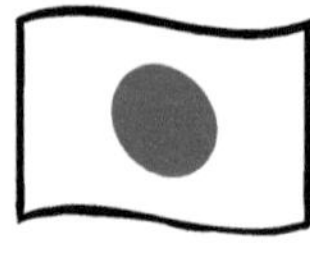

japansk

japoneză

hvem / hvad / hvordan
cine/ce/cum

jeg

eu

du

tu

han / hun / den / det

el/ea

vi

noi

I

voi

de

ea

hvem?

cine?

hvad?

ce?

hvordan?

cum?

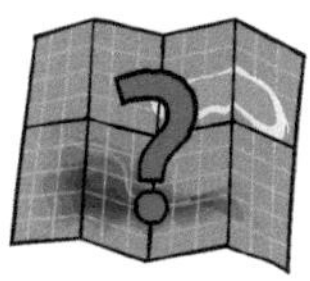

hvor?

unde?

hvornår?

când?

navn

nume

hvor

unde

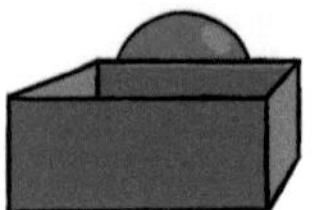

bag

în spate

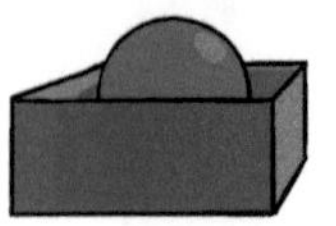

i

în

foran

înainte

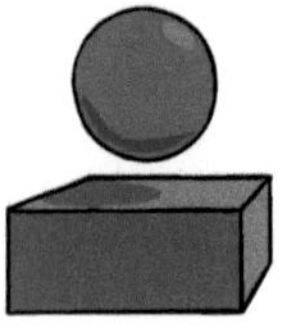

over

peste

på

pe

under

sub

ved siden af

lângă

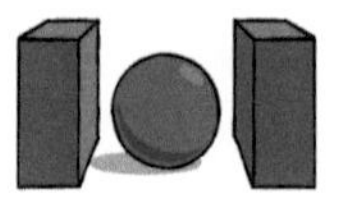

imellem

între

sted

loc